BIENVENIDO A NUEVA YORK

AF193856

Chrysler Building.
ozgurdonmaz/Getty Images Plus

Llegar a Nueva York

Desde John F. Kennedy (JFK)

📻 www.jfkairport.com
24 km al sureste de Manhattan.
Autobús lanzadera - www.goairlinkshuttle.com. Contacta con el *Ground Transportation* en el vestíbulo de la terminal de llegadas (y reserva *online* para el viaje de vuelta). El coste es de 45-50 $ por persona y el trayecto dura 1 - 1:30 h. Útil para viajes en solitario, pero no para dos o más personas.
Taxi - Viaje: 30-50 min dependiendo del tráfico. Precio fijo para Manhattan (si no, con taxímetro): 70 $, más 5 $ de recargo en hora punta y propina (15-20%). En total, 95-100 $. Los taxis oficiales esperan fuera del aeropuerto, mientras que los falsos interceptan a los pasajeros en el vestíbulo.
VTC (Uber, Lyft) - Compara precios a la llegada, ya que puede haber diferencias con los taxis oficiales.
Metro - Al salir de la terminal, sigue las indicaciones **AirTrain,** un pequeño tren que une en dos estaciones (Howard Beach o Jamaica) a las líneas de metro A, E, J y Z, según tu destino. El AirTrain cuesta 8,25 $ (puedes pagarlo a la llegada), más 2,90 $ por la conexión con el metro.
Tren LIRR (Long Island Rail Road) - Más rápido que el metro para llegar a Midtown o Downtown Brooklyn. Después del AirTrain, toma el LIRR desde la estación de Jamaica hasta Penn Station (35 min), Grand Central Madison o Atlantic Terminal en Brooklyn. El trayecto en AirTrain cuesta entre 13,50 y 25 $.

Desde LaGuardia (LGA)

📻 laguardiaairport.com
A 13 km al este del centro de la ciudad (muy cerca de Harlem).
Autobús lanzadera - Únete al servicio *Welcome Center* en el vestíbulo de su terminal: un agente te indicará el punto de salida del servicio de lanzadera. A partir de 30 $/persona y un trayecto de 30-45 min.
Taxi - Precio: 35-70 $ para Manhattan o el centro de Brooklyn (más propina).

Desde Newark (EWR)

📻 newarkairport.com
A 26 km al suroeste de Manhattan, en Nueva Jersey.
Autobús lanzadera - Igual que desde JFK y LaGuardia.
Taxi - Viaje de 45 min-1h a Manhattan. 70-90 $ (más propina) y 5 $ de recargo en horas punta.
New York Express Bus - Sirve el Midtown: Grand Central Station, Bryant Park y Port Authority Bus Terminal. Los billetes cuestan 19 $.
Tren - Sigue las señales **AirTrain**. Este raíl da acceso a los trenes que unen Newark con Nueva York (Penn Station) en 30 min. Billete combinado AirTrain + New Jersey Transit: 15,75 $.

No puedes perderte

Los lugares más bonitos elegidos para ti

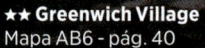
★★ Greenwich Village
Mapa AB6 - pág. 40

★★★ Central Park
Mapas E2, D3, CD4 - pág. 69

★★★ Museum of Modern Ar (MoMA) - Mapa C4 - pág. 6C

★★★ SUMMIT One Vanderbi
Mapa C5 - pág. 66

★★★ Metropolitan Museum of Art - Mapa D3 - pág. 75

★★★ Empire State Building
Mapa C5 - pág. 57

★★★ Puente de Brooklyn
Mapa B8 - pág. 26

★★ SoHo
Mapa B7 - pág. 32

★★ Times Square
Mapa C5 - pág. 56

★★ Estatua de la Libertad
Mapa A8 - pág. 22

Nuestros favoritos

💜 **Tómate un cóctel en lo alto de una azotea**, con una vista panorámica del skyline mientras se pone el sol.
☞ *pág. 114-119.*

💜 **Pierde la noción del tiempo en Morgan Library:** además de la belleza del espacio, con sus paneles de madera, tapices, vidrieras, pinturas, bóvedas y bajorrelieves, la magnífica colección de obras, libros, partituras y manuscritos raros es cautivadora. ☞ *pág. 64.*

💜 **Viaje al país de los famosos.** ¿De visita en Nueva York con tus hijos?

rmbarricarte/Getty Images Plus

Jardín medieval de los Cloisters.

Dirígete a Queens, en el antiguo distrito de la industria cinematográfica, donde se encuentran los estudios Astoria, sede del *Museum of the moving image.* ☞ *pág. 101.*

💜 **Asiste a una misa gospel en Harlem** los domingos por la mañana. Después de las encendidas prédicas y las enardecedoras canciones, baja a la tierra y termina la mañana con un *brunch* en el barrio. ☞ *págs. 91 y 128.*

💜 **Explora los mercados de Brooklyn cada fin de semana** de temporada y disfruta de una especialidad de comida callejera o de un saludable *brunch* mientras te mezclas con las familias y los hipsters de Williamsburg. ☞ *pág. 125.*

💜 **Descubre la nueva cara de West Midtown en Hudson Yards**, un complejo conceptual, arquitectónico, artístico y comercial, una auténtica ciudad dentro de la ciudad. ☞ *págs. 48 y 124.*

💜 **Descansa en la calma del jardín medieval de los Cloisters**, una obra sobre el Hudson, la otra sobre las silenciosas piedras de los claustros europeos. ☞ *pág. 95.*

💜 **Da un paseo a pie en Upper West Side** y en bicicleta por Riverside Park, disfrutando de la naturaleza y de las vistas del río Hudson. Aprovecha los *farmer's markets* y el American Museum of Natural History.
☞ *págs. 84 y 90.*

ittleny/Getty Images Plus

Mercadillo de Brooklyn.

❤ **Ver la puesta de sol en la 42nd Street**, desde el Tudor City Place. También es uno de los mejores lugares para admirar el Chrysler Building. ☾ *pág. 67.*

❤ **Siéntete pequeño** bajo el esqueleto de un barosaurus de 17 m del American Museum of Natural History. Un viaje en el tiempo con los niños y la

❤ **Vuelve a los orígenes de Nueva York en el Lower Manhattan**. Admira la arquitectura mientras paseas por las calles adoquinadas donde empezó todo. Crúzalo de este a oeste, desde el ahora rehabilitado South Street Seaport hasta el New World Trade Center, y admira sus contrastes. ☾ *pág. 14.*

soportunidad de vislumbrar la increíble riqueza de este museo, uno de los más importantes del mundo en su campo. ☾ *pág. 86.*

❤ **Pasea por High Line y Little Island, luego visita el Whitney Museum,** un escaparate diseñado por Renzo Piano. Con salas de exposición luminosas y moldeables, y terrazas en cada planta, ¡es todo increíble! ☾ *págs. 46 y 48.*

❤ **Admira las calles cubiertas de grafitis en Bushwick,** un barrio de Brooklyn en plena transformación. ☾ *pág. 99.*

❤ **Entra a los bastidores en el Museum of Broadway** donde se recorre la historia de los musicales ☾ *pág. 55.*

Nueva York en 3 días

Día 1

▶ Por la mañana
Comienza tu estancia admirando las vistas de Nueva York desde lo alto del **SUMMIT One Vanderbilt** ★★★ *(pág. 66)* o del **Empire State Building** ★★★ *(pág. 57)*.

▶ Mediodía
Para para un picnic en **Bryant Park**★ *(pág. 59)* y luego vuelve a bajar por la **Quinta Avenida (5th Avenue)** ★★★ *(pág. 57)* y pasa por el **Flatiron**★★ *(pág. 51)*, el primer rascacielos de Nueva York.

▶ Por la tarde
Explora las **galerías de Chelsea**★★ *(pág. 46)*, pasa por el **High Line**★★ *(pág. 48)* hasta el **Meatpacking**

District★★ *(pág. 46)*, después pasea por **Greenwich Village**★★ *(pág. 40)* y admira la arquitectura de hierro fundido del **SoHo**★★ *(pág. 32)*.

▶ Por la noche
Tómate una copa en la terraza del **Pier 57** *(pág. 116)* con vistas al jardín flotante de **Little Island**★. A continuación, cena en una de las mesas de moda del **Lower East Side**★ *(pág. 106)*.

Día 2

▶ Por la mañana
Zarpa temprano para ver de cerca la **Estatua de la Libertad**★★ *(pág. 22)*. Una vez que hayas puesto un pie en Manhattan, dirígete a **Lower Manhattan**★★★ *(pág. 14)*.

▶ Por la tarde
Descubre el **New World Trade Center**★★★ *(pág. 14)*, después únete a **South Street Seaport Historic District**★★ *(pág. 26)* y cruza el **Puente de Brooklyn**★★★ *(pág. 26)* hasta **DUMBO**★ *(pág. 97)* y **Brooklyn Heights**★★ *(pág. 96)*, donde las vistas de Manhattan son realmente increíbles.

▶ Por la noche
Planea una velada de **jazz** en **Greenwich Village**★★ *(págs. 40, 106 y 127)*.

Día 3

▶ Por la mañana
Mañana artística en el **Met**★★★ *(pág. 75)*, el Prado de Nueva York.

▶**Mediodía**

Picnic sobre el césped en **Central Park★★★** *(pág. 69)* después de comprar en **Whole Foods Market** *(pág. 110)*.

▶**Por la tarde**

Continúa tu jornada cultural en el **MoMA★★** *(pág. 60)*. ¿Aún te queda energía y dinero? Ve de compras entre Madison y la **Quinta Avenida** *(pág. 57)*.

▶**Por la noche**

Recuerda descansar un poco antes de tu velada en **Broadway★** *(pág. 54)*, sobre todo si el espectáculo empieza a las 19 h, y luego piérdete entre las luces de neón de **Times Square★★** *(pág.56)*.

¿Un cuarto día?

Aprende más sobre pintura en el **Frick Collection★★★** *(pág. 73)*. Por la tarde, visita el **American Museum of Natural History★★★** *(pág. 86)*. Puedes sustituir uno de los museos por un paseo por **Riverside Park★★** *(pág. 90)* o de compras en **Williamsburg** o **SoHo★★** *(págs. 32, 97, 121 y 125)*. Cena con un ambiente asiático, en **Koreatown** *(pág. 52)* o en **Chinatown★★** *(págs. 28 y 104)*.

palinchakjr/Getty Images Plus

Vista de Manhattan desde el paseo marítimo de Brooklyn Heights.

VISITAR NUEVA YORK

Nueva York y el One World Trade Center.
Tetra images / hemis.fr

Nueva York hoy

El escritor estadounidense E. B. White tenía razón cuando dijo que hay tres Nueva York: «La Nueva York de quienes han nacido aquí, que aceptan la ciudad tal como es y consideran su tamaño y su bullicio naturales e inevitables; la Nueva York de los que se desplazan diariamente; y la Nueva York de los nacidos en otro lugar, que vienen aquí en busca de algo». Mientras que los viajeros diarios dan a la ciudad su incesante movimiento, los nativos le dan solidez y continuidad, y son los recién llegados quienes le infunden pasión".

La ciudad está formada por cinco *boroughs* (distritos). El más famoso, **Manhattan** (1,6 millones de habitantes), ocupa una larga isla enmarcada por los ríos Hudson y East. Al este, los *boroughs* de **Brooklyn** (2,6 millones de habitantes) y **Queens** (2,3 millones) forman el extremo occidental de otra isla mucho mayor, Long Island. Al **suroeste,** Staten Island (475 000 habitantes), en la cabecera de la bahía de Nueva York, forma un cuarto distrito. El quinto, el Bronx (1,45 millones de habitantes), al norte, es el único que no es una isla. Nueva York no es América... ¿O es, por el contrario, una concentración de ella? En cualquier caso, es una **experiencia inolvidable** que no deja indiferente a nadie....Solo hay que perderse por las coloridas calles que la literatura, el cine y el jazz nos han hecho tan familiares o deambular por los cañones excavados entre los relucientes acantilados de sus **rascacielos**, pasear por los **antiguos barrios** de Chinatown o Harlem, de ambiente cosmopolita, o correr por el corazón de **Central Park**, donde aún flota el fantasma de *Marathon Man*, o cruzar el **puente de Brooklyn** para ver Manhattan surgir del East River. Nueva York, la «ciudad vertical», como escribió Céline, una megalópolis paradójicamente tan amable, una ciudad a la vez trivial y sofisticada, popular y elitista, típicamente americana y siempre europea. Está el Nueva York diurno, el de los oficinistas de **Wall Street** o los marineros de **Staten Island**, y está el Nueva York nocturno, el de las luces de la ciudad, las pulsaciones multicolores de **Times Square** o **Broadway**, o el de las horas grises de la madrugada, cuando los músicos de jazz que salen de los clubes se cruzan con los apresurados empleados que salen de **Grand Central Station**, mientras los vendedores de bagels arreglan sus puestos ambulantes...

Cuando los demás estadounidenses hablan de los neoyorquinos, hablan de ellos como arrogantes y diferentes, aunque la fraternidad nacida del 11-S haya suavizado la tumultuosa relación de Nueva York con el resto del país. En cuanto a los propios neoyorquinos, consideran que su ciudad es la más bella, la más importante, la ciudad de los superlativos, la capital del mundo sin lugar a dudas...

De hecho, a nadie se le ocurriría disputarle este título. Aquí, más que en ningún otro sitio, se tiene la sensación de estar en el centro de todo, de que algo importante está pasando. El ritmo frenético de la ciudad te atrapa y no te suelta nunca. Ya sea por el ajetreo de los coches, el estruendo de las sirenas, las obras incesantes, el zumbido de millones de aparatos de aire acondicionado o simplemente un bullicio confuso: el nivel de ruido nunca baja, ni siquiera por la noche. Y el plan Silent Night del ex alcalde Michael Bloomberg no ha hecho mucho por cambiarlo.

Una vez más, la primera impresión visual de la ciudad es de una **vitalidad** incontenible, incluso agresiva. Las afiladas líneas de los rascacielos, que se elevan sin pudor, no pretenden ser armoniosas. El urbanismo está dominado por la competición y la competitividad, y ofrece un **caleidoscopio** de geometría variable con un único objetivo: hacer las cosas mejor, más altas y más caras. Aquí es donde el hormigón y el cristal se elevan verticalmente, dejando a los transeúntes en la sombra. Si hay una forma de reconocer a los turistas, es que son los únicos que caminan con la cabeza alta; los neoyorquinos tienen cosas mejores que hacer.

Descubrir Nueva York es como lanzarse a la **aventura**, sumergirse en esta vorágine hiperactiva de contrastes, olvidar los hitos del Viejo Mundo, para comprender cómo esta ciudad nunca dejará de avanzar, pase lo que pase...

Si crees que en España se conduce rápido, te equivocas. Aquí, en cuanto la carretera se despeje, no esperes ver gran cosa del paisaje: los **taxistas** no contradicen la más trepidante de las producciones de Hollywood. Incluso los autobuses exprés parecen enzarzados en una **persecución** en cuanto la carretera se despeja un poco. En cuanto al ritmo de vida, no te engañes: los neoyorquinos no paran nunca. El ruido a veces palpitante de las obras en mitad de la noche te recordará que aquí cada minuto cuenta.

Los neoyorquinos caminan rápido, saben adónde van, tienen prisa y tienen el triple de cosas que hacer de lo que permiten las 24 h del día: así que haz tú lo mismo.

Por las aceras, los peatones se suceden y caminan por el lado derecho de la calzada: todo el mundo coincide en que aquí es mejor ser disciplinado, porque las multitudes que invaden las calles en hora punta no podrían mezclarse con fluidez de otro modo.

Ahora que ya tienes las claves, ¡te toca a ti! Sobrevivir en el **torbellino** que es Nueva York puede ser como caminar por una jungla. Pero enseguida te sentirás como en casa y, al cabo de unas horas, te dejarás llevar por su incontenible energía. Golpeada por la pandemia de Covid, Nueva York se ha reinventado una vez más. Las efímeras terrazas instaladas en las aceras por restaurantes y bares se han convertido en fijas. Es cierto que la inflación ha disparado los precios, pero Nueva York sigue ejerciendo esa fascinación inalterable.

13

Lower Manhattan★★★

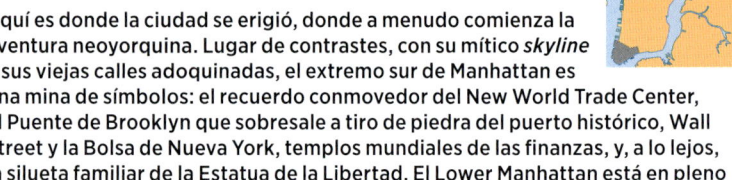

Aquí es donde la ciudad se erigió, donde a menudo comienza la aventura neoyorquina. Lugar de contrastes, con su mítico *skyline* y sus viejas calles adoquinadas, el extremo sur de Manhattan es una mina de símbolos: el recuerdo conmovedor del New World Trade Center, el Puente de Brooklyn que sobresale a tiro de piedra del puerto histórico, Wall Street y la Bolsa de Nueva York, templos mundiales de las finanzas, y, a lo lejos, la silueta familiar de la Estatua de la Libertad. El Lower Manhattan está en pleno renacimiento, y ahora es el momento de hacerlo tuyo...

▶**Acceso:** en metro: todas las estaciones desde **Chambers St.** hasta el **South Ferry** (líneas 1 a 6 y R). En ferri: Pier 11 y Battery Park City.

Plano del barrio pág. 16-17. Mapa extraíble AB7-8.

▶**Consejo:** familiarízate con la historia y la arquitectura del barrio realizando una visita guiada en español (☞ *pág. 144*). Para fotografiar los rascacielos, ve al Puente de Brooklyn por la mañana. Por la noche, admira el *skyline* desde Brooklyn Heights. Recuerda reservar tu visita al ayuntamiento con antelación.

14

Fue en el extremo sur de la isla de Manhattan donde se asentaron los primeros colonos europeos, los holandeses, y fundaron una gran ciudad agrícola. Su trazado original se ha conservado parcialmente, lo que explica que aquí no encontremos la geometría rectilínea típica de la ciudad, sino ejes concéntricos que siguen el perfil de la costa. El puerto y el comercio se desarrollaron rápidamente, gracias a los holandeses (☞ *pág. 154*) y luego a los ingleses. Pero la incertidumbre política y la violencia hicieron que los mercados fueran caóticos y poco fiables. En un contexto de especulación inmobiliaria, dieciséis años después de la Declaración de Independencia, los comerciantes decidieron fundar en 1792 el primer mercado de valores de Nueva York. La Fraunces Tavern, la

Watson House, la Trinity Church y varias calles adoquinadas ofrecen una visión de su historia. Y, al otro extremo, el New World Trade Center nos sumerge en los trágicos sucesos del 11 de septiembre de 2001.

The New World Trade Center ★★★

Nueva York y Estados Unidos cambiaron para siempre el **11 de septiembre de 2001** cuando aviones secuestrados por terroristas se estrellaron contra las torres gemelas del **World Trade Center**. 1 h 40 min después, se habían derrumbado sobre sí mismas, ante los ojos del mundo, que contemplaba horrorizado cómo la apocalíptica nube de polvo se tragaba los símbolos más orgullosos del éxito estadounidense. Dos edificios de 110 plantas

LOWER MANHATTAN

0 — 500 — 1000 pies
0 — 150 — 300 m

N

North Cove Yatch Harbor

7 World Trade Center

One World Trade Center

WORLD FINANCIAL CENTER

THE NEW WORLD TRADE CENTER

PAC NYC

NORTH POOL

World Trade Center

2 WORLD TRADE CENTER

9/11 Museum & Memorial

The Oculus

SOUTH POOL

Liberty Park

3 World Trade Center

The Sphere
St Nicholas
Greek Orthodox Church

4 World Trade Center

Fulton

BATTERY PARK CITY

Albany

5 WORLD TRADE CENTER

Cortlandt St.

Esplanade

End Ave.

Liberty

Greenwich

Washington

Cedar

Liber.

HUDSON RIVER

W. Thames St.

South St.

Rector

Trinity Church

Rector St.

Federal Hall Natl. Memoria

Wall St.

South Cove

Museum of the Jewish Heritage

Skyscraper Museum

Washington St.

Battery Pl.

Exchange

Trinity

Broadway

SPORTS MUSEUM

NY Stock Exchange

Broad St.

New

Bowling Green

Beaver

STONE ST. HISTORIC DISTRICT

Broad St.

William St.

Pier A

Battery

Natl. Museum of the American Indian

Stone St.

13

Castle Clinton Natl. Mon.

Battery Park

Bridge St.

Whitehall St.

Pearl St.

State St.

Fraunces Tavern Museum

16

Battery Park

J. WATSON HOUSE

South Ferry

Battery Maritime Building

Staten Island Ferry Terminal

NEW YORK HARBOR

BROOKLYN-BATTERY TUNNEL

16

IMMIGRATION MUSEUM, ELLIS ISLAND   ESTATUA DE LA LIBERTAD   STATEN ISLAND   GOVERNOR ISLAND

Murray St.
Warren St.
Hall des Lumières
CIVIC CENTER
Chambers St.
Pearl
CHINATOWN
Worth St.
Chatham Square
Division St.
E. Broadway

City Hall
St. Park Pl.
Park Pl.
Pl.
City Hall
Brooklyn Br.
City Hall
MUNICIPAL BUILDING
Pearl
Row
St.
Pl.
Oliver
Catherine
St.

Woolworth Building
City Hall Park
POL.
James
St.
St.

St Paul's Chapel
Park Row
Spruce
St.
Rose
St.
Madison
St.

Broadway
Ann St.
42
Broadway-Nassau
St.
GOVERNOR ALFRED E. SMITH HOUSES
St.

2
Fulton
Fulton St.
St.
Wagner
Water St.
St.

Maiden
John
Fulton St.
St.
St.
Dover
St.
St.
Pl.
South
Water
St.

Federal Reserve Bank
Gold
30
Fulton St.
Beekman
Peck
✉
Slip
St.
St.

Platt
32
Cliff St.
Pearl St.
Water St.

FINANCIAL DISTRICT
SOUTH ST. SEAPORT HISTORIC DISTRICT
Pine
William
St.
St.
St.
Front St.
Fulton Market

Wall St.
Museum of American Finance
Maiden
Fletcher
South Street Seaport Museum

Wall St.
Pearl
St.
Ln.
South
64
Tin Building

63
Pier 17

Water
Old
Slip
St.
Front St.
PIER 15
PIER 16

Franklin
St.
D.
Roosevelt
Dr.
PIER 11

BROOKLYN BRIDGE

17

EAST
RIVER

PORT AUTHORITY DOWNTOWN HELIPORT

BROOKLYN

desaparecieron, llevándose consigo a 2973 víctimas.

Terminadas en 1973, tras once años de construcción, las torres alcanzaban una altura de 411 m (más o menos el doble que los edificios circundantes) y representaban el 16 % del espacio de oficinas de todo el Downtown. En ellas trabajaban unas 50 000 personas.

El proyecto - Ninguno de los proyectos propuestos, ni siquiera el que resultó elegido, resultó del todo satisfactorio. Los planes originales de **Daniel Libeskind** fueron modificados por el arquitecto **David Childs**, con el resultado de que la primera piedra, colocada a bombo y platillo en 2004, tuvo que ser trasladada en 2006. En el lugar de los siete edificios demolidos, se han construido seis nuevas torres, y el proyecto sigue luchando por completarse. Desde la parte sureste es desde donde mejor se ve todo el recinto y se puede calibrar su enormidad. La esquina de **Church** y **Vesey Streets** y los tramos situados a ambos lados están custodiados por altas barandillas y sobrias placas que evocan la tragedia.

El **One World Trade Center** (1 WTC), antigua Freedom Tower, se eleva a 541 m, o 1776 pies (evocando la fecha de la Independencia estadounidense). Se alza junto al 7 WTC (inaugurado en 2006), 4 WTC (2013), 3 WTC (175 Greenwich St. - 2018) y próximamente 5 WTC (130 Liberty St.) y 2 WTC (200 Greenwich St.), cuyos planos han sido reelaborados varias veces.

One World Observatory★★★ - *One World Trade Center - 285 Fulton St. - ℘ 212 602 4000 - www.oneworld observatory.com - de 10:00 a 19:00 h; de mayo a septiembre: de 9:00 a 21:00 h*

- desde 44 $. El acceso al observatorio, en la planta 102, se realiza a través del Sky Pod, uno de los ascensores más rápidos del mundo: durante el ascenso (57 sg) se traza en las paredes del ascensor la evolución del skyline de Manhattan desde el siglo XVII. Una vez arriba, la vista de Manhattan a 380 m es impresionante. En un día despejado, se pueden ver hasta 80 km en todas direcciones. El panorama permite comprender mejor la geografía de la ciudad, con sus lenguas de tierra rodeadas de agua.

9/11 Museum & Memorial★★ - *entrada por 1 Albany St. (esquina con Greenwich St.) - ℘ 212 312 8800 - www.911memorial.org - museo: de 9:00 a 19.00 h, cerrado ma.; memorial: de 8:00 a 20:00 h - 33 $ - es necesario reservar por internet.* El recinto dedicado a la tragedia se inauguró en 2014. Bajo tierra, el museo es una inmersión en las entrañas del WTC. Se exponen miles de objetos relacionados con la tragedia, desde un carné de identidad parcialmente quemado hasta un camión de bomberos deformado por el calor. Fotos y vídeos jalonan la visita y se rinde homenaje a cada una de las 2973 víctimas mortales de los atentados suicidas. La emoción da paso a una tristeza infinita cuando los visitantes escuchan las numerosas grabaciones sonoras, incluidos los conmovedores mensajes dejados por las futuras víctimas atrapadas en las torres en llamas o en los aviones. Sin embargo, la polémica no ha perdonado a los responsables del museo, a quienes se ha acusado de haber sido descuidados en su presentación de la geopolítica mundial, de haber instalado una tienda de recuerdos que muchos consideran inapropiada y, sobre todo, de haber repatriado los restos de víctimas no identificadas. El memorial, diseñado por el arquitecto **Michael Arad**, es un éxito. Consta de dos estanques de 9 m de profundidad con cascadas, *Reflecting the Absence*. Están rodeados por un parapeto de bronce en el que están grabados los nombres de las víctimas. Se han plantado más de 400 robles, lo que confiere al lugar una atmósfera de calma y serenidad propicia para la meditación.

Pero hay un árbol que destaca sobre los demás: un peral, rescatado de entre los escombros tras los atentados. Los visitantes acuden en masa a tocar la corteza del «árbol milagroso», símbolo de esperanza y renacimiento. Al sur del monumento, **Liberty Park** domina el lugar. Esta explanada alberga **The Sphere★**, el globo terráqueo esculpido por Fritz Koenig (1971) que en su día estuvo en la plaza central del World Trade Center y sobrevivió a los atentados.   La sorprendente **St Nicholas Greek Orthodox Church** (2022) es obra del arquitecto Santiago Calatrava, que también diseñó **The Oculus★**. Inaugurada en 2016, la futurista estación del World Trade Center es reconocible por sus grandes alas de acero. Cada día pasan por ella unos 250 000 pasajeros. Un vasto centro comercial con tiendas, cafés y restaurantes cierra el conjunto. **Perelman Performing Arts Center (PAC NYC)** - *251 Fulton St. - www. pacnyc.org - 11:00 a 22:00 h. (sá. y do. desde las 10:00 h.), cerrado lu. - desde 29 $*. Inaugurado a finales de 2023

entre el One World Trade Center y el 9/11 Museum & Memorial, este bello edificio cúbico cubierto de finas losas de mármol veteado que dejan filtrar la luz del día esconde un moderno centro de artes. El programa incluye teatro, danza, música y cine.

City Hall ★

www.nyc.gov - visitas guiadas con reserva (📞 212 788 2656 o tours@ cityhall.nyc.gov).
Reconocible por su alto campanario, el ayuntamiento es uno de los edificios más elegantes de Nueva York. Su interior georgiano (1812) se oculta tras una armoniosa fachada de mármol inspirada en el Renacimiento francés. Los arquitectos, pensando que la ciudad no se expandiría hacia el norte, construyeron la fachada trasera en arenisca marrón; no fue hasta 1956 cuando se cubrió de piedra caliza de Alabama.

Hall des Lumières

49 Chambers St. - www.halldes lumieres.com - de 10:00 a 18:00 h (vi. y sá. hasta las 20:00 h) - 30 $ (reservas online). Inaugurado en 2022, este centro de arte inmersivo de 3 000 m^2 proyecta en sus paredes reproducciones monumentales de obras de grandes maestros como Gustav Klimt. La música y las imágenes envuelven a los visitantes en una experiencia onírica.

City Hall Park ★

Fue en lo que antes era un campo de manzanos donde se leyó, delante de la multitud, la Declaración de Independencia en julio de 1776.

NicolasMcComber/Getty Images Plus

Trinity Church, en el Lower Manhattan.

Woolworth Building ★★

233 Broadway. Construido en 1913 por **Cass Gilbert** para **Frank Woolworth**, propietario de una cadena de grandes almacenes, este edificio de 241 m de altura fue el rascacielos más alto del mundo hasta 1930, cuando se terminó el Chrisler Building.
Con su profusión de gárgolas y pináculos, y su tejado abuhardillado de cobre verde, es una de las obras maestras arquitectónicas de la ciudad. Su espectacular vestíbulo de tres plantas es una mezcla de frescos y mosaicos góticos y bizantinos.

Saint Paul's Chapel ★★

www.trinitywallstreet.org.
La iglesia más antigua de Manhattan (1766), construida en estilo georgiano. Bomberos y personal de rescate acudieron aquí a rezar tras el derrumbe del World Trade Center.

Financial District ★★

Wall Street★ - Debe su nombre a la empalizada que protegía la ciudad holandesa. Derribada por los británicos en 1699, fue sustituida por una calle que se convirtió en el emblema del capitalismo a la americana. Repleta de bellas mansiones georgianas y cafés, Wall Street se convirtió en el siglo XIX en un importante centro financiero y, en 1920, en el primer mercado bursátil del mundo por delante de Londres. Desde entonces, nunca ha sido superada, a pesar de los cracks de 1929, 1987 y 2008. Durante este último, las quiebras vaciaron muchas oficinas, la mayoría de las cuales se convirtieron en residencias. Los atentados terroristas de 2001 también contribuyeron al éxodo de empresas a Midtown o Nueva Jersey, al otro lado del río Hudson.

New York Stock Exchange (NYSE) - Este edificio de diecisiete plantas (1903) de elegante arquitectura alberga la **Bolsa de Valores** de Nueva York. Está diseñado al estilo de un templo, con columnas corintias y un frontón tallado con una alegoría del Comercio.

Stone Street Historic District★ - Es la primera calle adoquinada de Manhattan, entre Wall Street y el East River. Protegida desde 1996, ha conservado su encanto del viejo mundo, con sus edificios de ladrillo, sus escaleras de metal pintado y sus animados cafés.

Federal Hall National Memorial★ - *26 Wall St.* - ☎ 212 825 6990 - *www.nps. gov/feha* - todos los días excepto y. do. de 10:00 a 17:00 h gratis - *infórmate.* Situado cerca de la Bolsa de Nueva York, este edificio con forma de templo romano se levanta en el emplazamiento del primer ayuntamiento de Nueva York, construido en 1699 y utilizado posteriormente como juzgado. Reformado tras la Independencia, se convirtió en el **Federal Hall**, sede del primer Congreso de los Estados Unidos. Fue aquí donde George Washington, elegido presidente, juró su cargo, como muestra su estatua. El edificio actual, construido en 1842, ha albergado sucesivamente los Departamentos de Aduanas y del Tesoro.

Museum of American Finance - *www. moaf.org - cerrado, infórmate en su reapertura.* Este museo, que en el n.º 48 de Wall St. ocupaba la antigua sede del **Bank of New York** fundado en 1784 por Alexander Hamilton, busca un nuevo hogar. La colección permanente incluye documentos sobre la historia de Wall Street, el crack de 1929 y el desarrollo de los mercados financieros.

Federal Reserve Bank ★

33 Liberty St. - www.newyorkfed.org - no hay visita por libre, infórmate sobre las visitas guiadas, suspendidas desde el Covid (reservar con antelación) - imprescindible llevar un documento de identidad válido.

La austera fachada, con sus ventanas enrejadas y su sobrio vestíbulo de piedra, pone de relieve el papel clave que desempeña la Fed en la fijación de la política monetaria en Estados Unidos, que a su vez influye en la economía mundial. La cámara acorazada, enterrada a más de 24 m bajo el nivel de la calle y a 15 m bajo el nivel del mar, alberga miles de millones de dólares en reservas de oro pertenecientes a Estados Unidos y a los bancos centrales de unos sesenta países, lo que representa entre el 25 % y el 30 % de las reservas mundiales. Es la mayor reserva existente en el mundo (más de 10 000 toneladas).

Trinity Church ★

74 Trinity Place - trinitywallstreet.org. Conciertos algunos días, ver página web. Construida en 1846, era entonces el monumento más alto de Nueva York. Realizada en arenisca roja en un sobrio estilo neogótico, no se vio demasiado afectada por el derrumbe del cercano World Trade Center. El cementerio adyacente contiene tumbas del siglo XVII.

Museum of the Jewish Heritage ★★

36 Battery Place - 📞 646 437 4202 - www.mjhnyc.org - ♿ - do. y mi. de 10:00 a 17:00 h, ju. hasta las 20:00 h, vi. hasta las 15:00 h, cerrado lu., ma., sá. y fiestas judías - 18 $.

Un edificio de elegante simplicidad y una acertada museografía hacen de este un fascinante museo de historia judía. El edificio tiene seis fachadas y seis niveles de tamaño decreciente, que recuerdan a los seis millones de muertos del Holocausto y las seis puntas de la estrella de David. Los documentos expuestos, en particular las **columnas Klarsfeld,** cuentan la historia del Holocausto, la inmigración judía a Estados Unidos y el renacimiento del judaísmo. La cafetería ofrece una de las mejores vistas del puerto.

Skyscraper Museum ★

39 Battery Pl. - 📞 212 945 6324 - www. skyscraper.org - mi. y sá. de 12:00 a 18:00 h - gratis - reserva obligatoria.

Exposiciones temporales, maquetas, fotos y planos ponen de relieve el patrimonio arquitectónico de Nueva York de forma atractiva, celebrando con audacia las líneas verticales que simbolizan la ciudad.

Estatua de la Libertad ★★★

Accede al muelle por el Ⓜ *líneas 4 y 5 (estación Bowling Green) o línea R (Whitehall Street). Un ferri sale desde el muelle adyacente al Castle Clinton (taquilla) llega a la Estatua de la Libertad, y luego a Ellis Island. Statue City Cruises - ✆ 877 523 9849 - www. cityexperiences.com - salidas cada 40 min de 9:00 a 14:00 h; horario sujetos a cambios, infórmate sobre la visita en la página web - entrada para el pedestal + museo o corona 25 $, audioguía (en español), ferri y Ellis Island incluidos.*

🙂 Dedica medio día a un solo lugar (la estatua o Ellis Island). Para los madrugadores, el horario del ferri a partir de las 14:00 h no deja tiempo suficiente para visitar tanto la Estatua como Ellis Island. En este caso, prevé salir hacia las 11:00 h como muy tarde. No dudes en llegar 2 h antes, debido a las colas y los trámites de seguridad. Prepara un picnic ligero, ya que las cafeterías están llenas.

La Visita - Desde 2019, un museo construido en la punta de la isla da vida a la aventura de Miss Liberty a través de una museografía moderna e interactiva, que incluye una película de 10 min. Una de las galerías exhibe la antorcha original (sustituida en los años 80) y un taller recrea la construcción de la estatua. Encima del museo, la terraza panorámica de la azotea ofrece una espléndida **vista★★★** de Lady Liberty

desde atrás y del *skyline* de Manhattan. Para quienes hayan reservado la entrada adecuada, un ascensor da acceso a la pasarela situada en lo alto del pedestal, con una espectacular vista de 360°. Encaramada a más de 80 m del suelo, la corona de la estatua hay que ganársela. No solo hay que reservar la entrada con meses de antelación, sino que además hay que subir a pie los 162 peldaños de una escalera de caracol muy estrecha y sin aire acondicionado (en verano puede hacer un calor espantoso). El esfuerzo se ve recompensado por las impresionantes **vistas★★★** de la entrada al puerto de Nueva York.

Un poco de historia - La Estatua de la Libertad es testigo de la amistad entre Estados Unidos y Francia desde la Revolución Americana, y sigue siendo uno de los emblemas más fuertes del país. El escultor **Frédéric Auguste Bartholdi** eligió la libertad – personificada aquí – para simbolizar la entrada en el Nuevo Mundo. En 1884, la estatua, financiada y construida en París por los franceses, fue presentada al embajador estadounidense y luego desmontada para cruzar el Atlántico. Los fondos recaudados por los estadounidenses, gracias a la intervención del propietario del periódico *New York World* **Joseph Pulitzer**, hizo posible la construcción del pedestal. La estatua llegó a Nueva York en junio de 1885 y fue inaugurada el 28 de octubre de 1886.

Cuenta la leyenda que Bartholdi le sugirió el cuerpo de su esposa y el rostro de su madre. Encargó a **Gustave Eiffel** la construcción de un armazón de hierro y acero de 125 toneladas. La cubrió con 300 planchas de cobre

(100 t) para formar la «piel» verde de la estatua, que mide más de 45 m desde la base hasta la antorcha. Podría sostener a un hombre con su mano (4,805 m de largo) y podría aplastarlo fácilmente con su pie.

Ellis Island ★★ and Inmigration Museum ★★

www.nps.gov/elis - ♿ - gratis. ☺ Cuando llegues, recoge tus entradas para la película en la taquilla: las proyecciones se agotan rápidamente. Ellis Island fue elegida en 1892 como puerta de entrada a Estados Unidos para los inmigrantes procedentes de Europa. El edificio de estilo Art Nouveau, que se utilizaba para el registro y los exámenes médicos, conserva documentos relativos a las condiciones de vida de los 12 millones de inmigrantes, aceptados o rechazados, que esperaban allí durante horas o incluso días. El centro cerró en 1954 y posteriormente se convirtió en este fascinante y conmovedor museo, que se modernizará en 2026.

Battery Park ★

Antes de la llegada de los holandeses, (◉ *pág. 154)* el extremo sur de Manhattan estaba cubierto de marismas. La franja que ahora forma Battery Park y los muelles fue ganada al mar. El parque debe su nombre a las dos baterías de artillería defensivas instaladas durante la guerra de 1812. La primera estaba situada en Governors Island; la segunda, Castle Clinton (◉ *abajo),* ocupaba otro islote a 100 m de la orilla. En 1870, el paso entre la orilla y Castle Clinton se rellenó, dejando el emplazamiento actual de Battery Park. Desde el **paseo**★ que bordea la confluencia de los dos ríos, se puede ver la Estatua de la Libertad, Ellis Island y las costas de Nueva Jersey.

Castle Clinton - ☏ *212 344 7220 - www. nps.gov/cacl - ♿ - de 8:00 a 17:00 h - gratis.* Esta fortaleza circular, que en su día albergó una batería de artillería, se convirtió en teatro de ópera en 1821: el **Castle Garden**. Después sirvió de centro de recepción de inmigrantes (1855-1890) antes de que lo fuera Eliis Island. Durante treinta y cuatro años, más de 8 millones de personas atravesaron sus muros. De 1896 a 1941 albergó el New York City Aquarium.

Pier A★ - Es el muelle más antiguo de Manhattan, con una venerable estructura victoriana coronada por una torre con reloj. Al sur del Pier A, el **American Merchant Marine Memorial** rinde homenaje a los náufragos de un

---

El puente de Brooklyn en cifras

Durante veinte años fue el puente colgante más largo del mundo. Las obras duraron catorce años y costaron 25 millones de dólares; veintisiete obreros murieron *in situ*. El vano central, de 486 m de longitud, está sostenido por dos pilones que se sumergen 41 m en las aguas del East River. Los dos arcos se elevan 48 m por encima de la plataforma. Los cables principales del sistema de suspensión tienen 40 cm de grosor.

barco torpedeado durante la Segunda Guerra Mundial.

National Museum of the American Indian ★★

1 Bowling Green - www.americanindian. si.edu - de lu. a vi. de 10:00 a 17:00 h - gratis. El museo, ubicado en la imponente Customs House (1907) diseñada por Cass Gilbert, presenta una rotonda elíptica decorada con frescos del pintor neoyorquino Reginald Marsh (1898-1954). Creado en 1994 por la Smithsonian Institution, se dedica a la presentación y preservación de la cultura indígena americana, pasada y presente. El museo también organiza proyecciones de películas, conciertos y espectáculos de danza.

Staten Island Ferry ★★

Al final de Whitehall St. - www. siferry.com - cada 30 min (cada 15 min en horas punta: de 7:00 a 8:45 y de 17:00 a 18:45 h) - Travesía de 25 min, cuenta 1:30 h si se hace solo la ida y vuelta - horario variable, consultar la página web - solo peatones y bicicletas - gratis. Lleva un jersey y un cortavientos, ¡puede hacer mucho frío en alta mar! A la ida, mantente a la derecha para ver la Estatua de la Libertad a lo lejos. A la vuelta, colócate en la parte delantera para ver Manhattan. Alrededor de 20 millones de personas utilizan este ferri cada año, en su mayoría empleados de camino al trabajo. Para los visitantes, es una forma única y gratuita de disfrutar de magníficas **vistas** de la ciudad.

Battery Maritime Building ★

10 South St., al final de Whitehall St. Este atractivo edificio Art Nouveau (1909) ha sido completamente restaurado para devolverle su fachada original de hierro fundido. Hasta 1938 albergó el transbordador de Brooklyn. Ahora es la terminal del transbordador de Governors Island.

Fraunces Tavern Museum ★

54 Pearl St. - ☎ 212 425 1778 - www.frauncestavernmuseum.org -de 12:00 a 17:00 h - 10 $. Este hito de la Revolución americana fue originalmente la casa de un rico comerciante, comprada en 1762 por Samuel Fraunces, que la convirtió en taberna. Los **Hijos de la Libertad** (una organización secreta de ciudadanos estadounidenses de finales del siglo XVII que resistieron la opresión británica durante la rebelión de las trece colonias contra Inglaterra) se reunieron aquí, y **George Washington** celebró aquí la victoria sobre los británicos. También fue escenario de numerosas reuniones políticas cuando Nueva York era la capital. Completamente restaurado a principios del siglo XX, expone documentos sobre la historia de la Independencia y alberga también una taberna-restaurante con piano-bar.

South Street Seaport Historic District ★★

theseaport.nyc. Situado al sur del puente de Brooklyn, el **puerto de Nueva York**, fundado en el siglo XVII, fue el principal motor de la economía de la ciudad. Muelles, almacenes y casas comerciales crecieron en influencia con la expansión del comercio internacional. La creación de una línea de transbordadores entre Fulton Street y Brooklyn (1814), la apertura del **Fulton Market** (1822), un antiguo mercado de pescado, y la inauguración del Canal Érié en 1825 lo convirtieron en un distrito rebosante de actividad. Sin embargo, en la segunda mitad del siglo XIX, el tráfico marítimo en el **East River** decayó en favor de los nuevos muelles de gran calado del **Hudson River**. No fue hasta 1967, cuando el distrito fue declarado zona histórica, que el puerto recuperó poco a poco su atractivo, destilando parte de la atmósfera del Nueva York de los primeros tiempos. A orillas del East River, el Fulton Fish Market, rebautizado **Tin Building**, se ha convertido en un elegante y glamuroso *food hall* diseñado por el famoso chef Jean-Georges Vongerichten. El modernizado **Pier 17** alberga varios cafés y restaurantes que ofrecen magníficas vistas de Brooklyn.

South Street Seaport Museum ★

12 Fulton St. - ☎ 212 748 8600 - www.southstreetseaportmuseum. org - de mi. a do. de 11:00 a 17:00 h (en invierno solo fines de semana) - Incluye una visita a las exposiciones a bordo del barco-faro Ambrose y del velero de carga Wavertree; de mayo a octubre: cruceros de fin de semana (2 h) - reserva online - 30-50 $.
El museo posee una gran colección de maquetas, instrumentos y documentos, así como una colección de barcos antiguos atracados en los Pier 15 y

16, de los cuales el más espectacular el más espectacular es el *Peking*, un barco de cuatro mástiles construido en 1911. El recorrido continúa por **Fulton Street★** y **Water Street★**, calles comerciales que han recuperado su aspecto de principios del siglo XIX, con algunas tiendas a la antigua usanza.

Puente de Brooklyn ★★★

Proeza técnica del siglo XIX (☉ *ver pág. 24*), este puente colgante que une Manhattan con Brooklyn se inauguró en mayo de 1883. Antes de su construcción, unos 50 millones de personas cruzaban cada año el East River en transbordador. Diseñado por **John Augustus Roebling**, el arquitecto del puente colgante sobre las cataratas del Niágara, fue construido por su hijo utilizando técnicas europeas. Para construir los cimientos, los obreros se sumergían en cajones llenos de aire comprimido, pero el sistema no estaba muy bien desarrollado y muchos de ellos sufrieron reventones de tímpano. El puente, una obra maestra de la estética y la ingeniería, tiene una pasarela peatonal central, reconstruida entre 1981 y 1983, que se eleva por encima de los coches, pasa bajo los arcos neogóticos de granito y serpentea entre las potentes redes de cables. Las vistas sobre Manhattan y el puerto son espectaculares.
☺ Cruza el Puente de Brooklyn (1,830 km) para disfrutar de magníficas vistas del *skyline*. La parte superior está reservada a las bicicletas (centro) y a los peatones (laterales). A pie, prevé 30 min por trayecto y respeta los carriles reservados. De día o de noche, ¡las vistas son mágicas!

Chinatown★★, Little Italy y NoLita

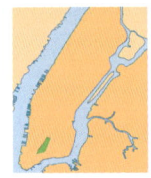

Chinatown es una Asia rebosante de color, cuyos letreros rojos y dorados y olores a cocina asaltan los sentidos. De la sulfurosa Little Italy, donde los capos de la mafia dictaban sus leyes, solo quedan los jamones, el parmesano y los cannoli con queso ricotta, ¡que todo el mundo come en septiembre durante la popular y animada fiesta de San Gennaro!

▶**Acceso:** metro **Canal Street** o **Spring Street**.

Planos del barrio págs. 31 y 36. Mapa extraíble BC7.

▶**Consejo:** visita Chinatown por la mañana, cuando el mercado y los bazares de Canal Street aún no están abarrotados, y luego Little Italy y NoLita, muy animados por la tarde.

Chinatown ★★

La **inmigración china** a Nueva York comenzó en la década de 1870. Diez años después, el barrio era famoso por sus burdeles, lugares de juego y fumaderos de opio. Hoy, Chinatown alberga a 200 000 asiáticos, una de las mayores comunidades chinas fuera de Asia. Alrededor de Mott y Mulberry Streets, los bazares se alternan con puestos de té y exóticas farmacopeas. Canal Street es el templo de las falsificaciones.

Museum of Chinese in America (MOCA) - *215 Centre St. (esquina con Grand St.) - ☏ 212 619 4785 - www. mocanyc.org - mi., vi. y sá. de 11:00 a 18:00 h, ju. de 14:00 a 21:00, do. de 11:00 a 16:00 h - 12 $.* Este museo presenta los estilos de vida de la diáspora china en América.

Little Italy

Los primeros inmigrantes italianos se reunieron en este barrio, que se convirtió en un centro del crimen organizado controlado por la mafia. Hoy en día, Little Italy ha perdido parte de sus habitantes, que se encuentran dispersos por toda la ciudad. Las calles han recuperado cierta serenidad. Los aficionados a las series de televisión reconocerán el **Mulberry Street Bar** (n.º176), escenario de *Los Soprano*. En el n.º 151, el flamante **Italian American Museum** *(www. italianamericanmuseum.org)* presenta la historia de esta comunidad italiana.

NoLita

Cafés, pequeños restaurantes y boutiques de moda salpican la parte norte de Little Italy (NoLita significa «North of Little Italy»), que sin embargo carece de la elegancia del SoHo o Chelsea. Elizabeth Street es la espina dorsal del distrito.

Old San Patrick's Cathedral - De estilo neogótico (1815), fue la catedral católica de Nueva York hasta 1879.

TriBeCa★★
y SoHo★★

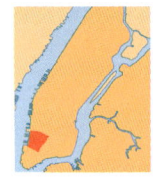

El barrio de TriBeCa ha sido inteligentemente reconstruido desde
el 11-S y disfruta de un maravilloso renacimiento. Al margen de las principales rutas
turísticas, es popular tanto entre los lugareños como entre los turistas curiosos.
Artistas, familias con estilo, diseñadores, viajeros nómadas del diseño, la tecnología
o el marketing: todos se enamoran de este distrito, que ahora afirma su identidad
con clase y discreción. Además de sus boutiques de lujo, tiendas gourmet y bares de
moda, el SoHo es una de las zonas donde mejor se conserva la arquitectura de hierro
fundido del país. Colonizado por artistas a partir de los años 60, este barrio, que se
ha vuelto demasiado caro para ellos, es ahora un refugio para jóvenes hipsters.

▶**Acceso:** metro de **Chambers St.**, **Franklin St.** y **Canal St.** para TriBeCa; **Houston
St.**, **Broadway/Lafayette St.**, **Spring St.** y **Canal St.** para SoHo.
Plano del barrio en la página opuesta. Mapa extraíble AB7.
▶**Consejo:** los amantes del arte preferirán pasear por TriBeCa. Las galerías de
arte se concentran en White y Walker St. (cierran do. y lu.). Los que prefieran ir de
compras deben dirigirse al SoHo. ¡Los amantes de la arquitectura tienen que visitar
los dos!

TriBeCa ★★

El nombre de este distrito procede
de la contracción de **TRI**angle **BE**low
CAnal, aunque su forma es más
trapezoidal. A principios del siglo
XVIII, esta zona albergaba residencias
de familias adineradas. No fue hasta

mediados de siglo, cuando los muelles
del río Hudson sustituyeron al South
Street Seaport, que los almacenes
se adueñaron del distrito. Esta fue la
gran época de **estructura de hierro
fundido** o de ladrillo, con cinco o
seis pisos de altura, que albergaban

TRIBECA-SOHO

0 — 500 — 1000 ft
0 — 150 — 300 m

Houston St.
Houston St.
King

Charlton
St.
Vandam
SOHO
Spring
NEW YORK CITY
FIRE MUSEUM
Dominick
Broome
St.
Watts
Watt
Desbrosses
Vestry
Laight
Hubert
Beach St.
HUDSON
SQUARE

Washington
Greenwich
Renwick St.
Canal
Hudson
Varick
St.
Avenue of the Americas (Sixth Ave.)

Spring St.

Prince
Spring
Thompson
West
Grand
Wooster
Greene
Mercer
Broadway
Crosby
St.

Bleecker
St.
LaGuardia Pl.
W. 3rd St.
MacDougal
Sullivan
Houston

WASHINGTON
SQUARE VILLAGE

GREENWICH AND
WEST VILLAGES

St. St.
Little Singer
Building
Prince St.

SOHO

Spring St.

Gunther
Building
Broome
Silk Exchange
Building
Haughwout
Building

Museum of
Chinese in
America

Moore
Franklin
Greenwich
N
Beach
St. John's La.
Canal St.
Walker
Franklin St.
Leonard
Harrison St.
Staple St.
Skybridge
Jay
Worth
Washington
Market Park
Thomas
Broadway
TriBeCa
Synagogue
White
56 Leonard
TRIBECA
AT & T Headquarters
Building
Duane
Reade
Chambers St.
Warren
West
Chambers St.
Chambers
Church
Broadway

Canal St.

Howard

Canal St.

Centre
Mott
Elizabeth St.
Mulberry
Hester
LITTLE
ITALY
Canal St.
St.

Lafayette
Centre
Baxter
Mulberry
Worth
Bayard
Pell
CHINATOWN

FOLEY
SQUARE
COLUMBUS
PARK
CIVIC
CENTER

Cortlandt

oficinas o almacenes. En vísperas de la Segunda Guerra Mundial, el distrito era uno de los más activos de la ciudad, combinando industria, servicios y comercio. Pero en los años 60 comenzó un lento declive, condenado por el decaimiento de la industria y el puerto. En 1970, TriBeCa y sus destartalados edificios solo albergaban 243 residentes. Afortunadamente, muchos artistas expulsados del SoHo por la subida de los precios emigraron aquí y convirtieron los almacenes en estudios y galerías de arte. Ahora popular entre los famosos —Robert De Niro, en particular, es conocido por su inversión en la vida de TriBeCa—, el distrito ha vuelto a ser muy atractivo. En su paseo, contempla **Washington Market Park** que antaño fue uno de los mercados más concurridos de Nueva York. En **Harrison Street Row** una hilera de casas de estilo federal, construidas entre 1796 y 1828, da una idea de cómo era TriBeCa en aquella época. Un llamativo puente cubierto pintado de verde oscuro, el **Staple Street Skybridge**, resulta especialmente fotogénico al final del día, con la silueta rojiza del edificio Mercantile Exchange de 1872 destacando tras él. Entre **West Broadway** y Broadway se encuentra la arquitectura urbana del siglo XIX, con sus fachadas de ladrillo multicolor y sus columnas de hierro fundido. **White Street**, bordeada de galerías de arte, es un buen ejemplo. **TriBeCa Synagogue** es reconocible por su fachada curva. **Walker Street** también alberga numerosas galerías y estudios de artistas. Al oeste, **AT&T**

Headquatrters Building adopta el estilo Art Déco tan popular en Nueva York. Construido en 1918, su vestíbulo presenta mosaicos espectaculares. **Leonard Street** alberga varios edificios imponentes: la Clocktower (sede de la New York Life Insurance Company), que cuenta con el último reloj mecánico en funcionamiento de la ciudad, y el nuevo icono del distrito, el **56 Leonard St.** Diseñado por los arquitectos suizos Herzog & de Meuron, este asombroso edificio parece una serie de cajas de forma irregular apiladas unas sobre otras. Como aplastada por el peso del edificio, una escultura de Anish Kapoor ocupa la planta baja. Desde 2002, bajo el patrocinio de Robert De Niro, TriBeCa se ha convertido en el centro del cine neoyorquino. Junto con la productora Jane Rosenthal, el actor creó el **TriBeCa Film Festival** (⊙ *pág. 146*). Nueva York se merecía un festival de renombre, y la zona, duramente golpeada por los atentados del 11 de septiembre, recuperaría su garbo. Una selección de las mejores películas de todo el mundo se proyecta en sus numerosos cines.

SoHo ★★

El SoHo, que toma su nombre de **SO**uth of **HO**uston St., es uno de los barrios más exclusivos de Nueva York, con sus boutiques, restaurantes y galerías de arte. Sin embargo, en 1644 albergó la primera comunidad negra de Manhattan, formada por esclavos liberados. A principios del siglo XIX, burgueses adinerados como James Fenimore Cooper, autor de *El último*

J-F-arquitectos/Getty Images Plus

Greene street en SoHo.

mohicano, invadieron poco a poco el distrito.

A medio camino entre el Manhattan de los negocios, al sur, y las grandes mansiones chic de los barrios del norte, el SoHo llegó a tener una de las densidades más altas de la ciudad. Teatros, hoteles, restaurantes, casinos y tiendas surgieron a lo largo de **Broadway** y las calles circundantes. Para atender a los juerguistas, **Mercer Street** se especializó en burdeles, hasta el punto de que dos tercios de las prostitutas de Nueva York paseaban por sus aceras. Con tanta licencia, la burguesía acabó sustituyendo el SoHo por los distritos situados más al norte, mientras que los negocios más florecientes se

trasladaron a la Quinta Avenida. Durante la segunda mitad del siglo XIX, las residencias fueron sustituidas paulatinamente por comercios, oficinas y almacenes. Los arquitectos emplearon una nueva técnica de construcción: la **estructura de hierro fundido**. Descubierta por los ingleses a finales del siglo XVIII, esta técnica permitió levantar rápidamente edificios con una variedad de estilos desconocida hasta entonces. Las fachadas eran más ligeras, con más ventanas. Los elementos de hierro, fundidos en moldes y reproducidos en grandes cantidades, podían combinarse para adaptarse al tamaño del edificio o a las necesidades del cliente. El conjunto se pintaba.

Las calles enteras se alineaban con elegantes columnatas, cornisas y frontones pintados en delicados colores pastel. Hoy en día, de las 400 fundiciones que hay en Nueva York, unas 300 se encuentran en el barrio del SoHo.

En el siglo xx, el SoHo fue abandonado poco a poco, antes de ser recolonizado por artistas y forasteros interesados en estos vastos lofts y enormes espacios con grandes ventanales. Nació un dinámico movimiento para salvar las fachadas y, a partir de 1973, cuando el SoHo fue declarado distrito histórico, se convirtió en el principal centro de arte contemporáneo de Nueva York, atrayendo a artistas y galerías de arte. Pero los precios se dispararon, provocando un éxodo del arte y los museos a Chelsea. El carácter creativo, vibrante y bohemio del distrito fue sustituido por el chic de las nuevas boutiques, a menudo excesivamente caras.

Broadway - En esta parte de la ciudad, Broadway no es el hogar de los teatros, sino de las compras. Busca el impresionante **Silk Exchange Building** (1895) en el n.º 487. Este edificio ostenta una fachada rococó muy italianizante. Debido a su recargado estilo, los neoyorquinos lo apodan cariñosamente The Wedding Cake (la tarta nupcial). En la esquina de Prince Street, el **Prada Epicenter** (n.º 575) alberga un elegante diseño del arquitecto Rem Koolhaas (☾ *Prada, pág. 121)*. El **Little Singer Building** de doce plantas (n.º 561-563), diseñado en 1903 por Ernest Flagg, marcó el comienzo de una nueva era de rascacielos con su típico estilo

Beaux-Arts. Es fácilmente reconocible por sus delicados motivos florales en hierro forjado y sus superficies acristaladas. El **E.V. Haughwout Building** (n.⁰⁵ 488-492), considerado en su época (1857) un auténtico «palacio veneciano», con sus arcadas, balaustradas y columnas corintias, fue el primer edificio de la ciudad con fachada de hierro fundido y el primero dotado de ascensor, instalado por Elisha G. Otis.

Greene Street★ - Situada más al oeste, esta calle cuenta con la mayor colección de fachadas de hierro fundido. Las dos más interesantes, diseñadas por Isaac F. Duckworth en 1872 en estilo segundo imperio, reciben el apodo de **King and Queen of Greene Street** (n.⁰⁵ 72-76 y 28-30). El primero presenta un grandioso porche sostenido por altas columnas, mientras que el segundo tiene un tejado abuhardillado.

Prince Street - Poblada por numerosas boutiques y galerías de arte, Prince Street alberga un edificio de hierro fundido cuya fachada presenta un muro de ladrillo en trampantojo: la obra fue creada por el pintor Richard Haas en 1975.

Broome Street - En esta calle, en la esquina con Greene Street, se alza el edificio **Gunther building** (n.⁰⁵ 469-475) una hermosa estructura de hierro fundido que data de 1873, o el elegante edificio del n.º 448.

West Broadway - Galerías de arte contemporáneo, diseño y diseñadores ocupan West Broadway, como Double RL Men's, Atelier Adler, What Goes Around, 7 For All Mankind Comes Around...

Lower East Side★

El domingo por la mañana es el mejor momento para pasear por aquí, junto a los tentadores puestos de Orchard Street, para saborear unos crujientes bagels. Puerta de entrada de inmigrantes que antaño se hacinaban en tugurios, el barrio conserva una pátina cansada, con fachadas oscuras marcadas con carteles que desmienten su nueva vocación de distrito ultramoderno, en favor de lugares más alternativos. Bares, clubes y restaurantes rivalizan en su decoración industrial y bohemia, y puedes pasarte la noche al son de blues cool, rock salvaje o electrónica. Aunque el Lower East Side siga siendo desconocido para algunos, en realidad está hecho para todos los viajeros curiosos en busca de nuevos locales vanguardistas y un ambiente fuera de lo común.

▶**Acceso:** metro **Delancey Street** o **Essex Street**.
Plano del barrio pág. 36. Mapa extraíble BC7.
▶**Consejo:** aprovecha un domingo para dirigirte al Lower East Side. Empieza con un brunch y luego disfruta del animado ambiente de Orchard Street (no antes de las 10:00 - 11:00 de la mañana). La zona también es estupenda por la noche. No paran de abrir nuevos bares y restaurantes: no dudes en empujar las puertas, puede que te lleves una agradable sorpresa. Evita el sábado, día de descanso, ya que algunas tiendas están cerradas.

Hasta hace poco, el barato y cosmopolita Lower East Side seguía siendo el barrio de los recién llegados, una especie de esclusa entre sus países de origen y la inmensa Nueva York. En los siglos XVII y XVIII este lugar albergó astilleros, fábricas y mataderos, así como viviendas rudimentarias y baratas en las que se hacinaban los inmigrantes y sus familias. En el punto álgido de su ocupación, el Lower East Side llegó a ser la zona más densamente poblada del mundo. Ya en 1820, comunidades de **negros emancipados** e **irlandeses** se formaron en el distrito, mientras que una gran **comunidad china** que había venido a trabajar en la construcción del ferrocarril se asentó al oeste de la zona. Expulsados de su tierra natal por la hambruna después de 1840, los **irlandeses** llegaron por centenares de miles en el siglo XIX, a los que se les unieron los **alemanes** que huían de la guerra y la segregación religiosa. La primera oleada de **inmigración judía** fue seguida por judíos rusos y polacos que habían sobrevivido a los pogromos. Los **italianos** que llegaron en la segunda mitad de siglo se asentaron cerca de los irlandeses y fundaron Little Italy. Los **puertorriqueños** se instalaron a finales del siglo XIX y

LOWER EAST SIDE-
LITTLE ITALY-NOLITA

Costura y puros

La costura neoyorquina empezó en el Lower East Side con mujeres jóvenes que trabajaban desde casa. El bajo coste y la abundancia de mano de obra propiciaron más tarde la creación de talleres colectivos. El barrio también producía puros, y las fábricas estaban dirigidas por puertorriqueños. Los inmigrantes caribeños solían trabajar aquí.

durante la primera mitad del siglo XX. Aunque sigue habiendo aquí una pequeña comunidad judía, como demuestran las sinagogas, los últimos inmigrantes que quedan son principalmente latinos y asiáticos. Hoy en día, el Lower East Side está perdiendo cada vez más su carácter distintivo para convertirse en uno de los lugares más de moda para los jóvenes noctámbulos. Por otra parte, su pobreza ha dejado huella, y aunque muchos edificios han sido demolidos, algunas calles aún conservan un poco del ambiente de la primera Nueva York, con sus tenderetes, cafés y edificios de ladrillo con ventanas estrechas y escaleras de incendios de hierro. Pero es probable que la subida de los precios de la vivienda, la aparición de restaurantes de moda, hoteles de lujo de vanguardia y una clientela cada vez más exquisita acaben gentrificándolo. No obstante, **Ludlow Street★**, **Orchard Street** y los lugares para merendar en las tiendas de ultramarinos judías conservan su incomparable encanto.

La parte sur de Orchard Street está ocupada por tiendas baratas de ropa de cuero y maletas, sastres de gama baja y algunos talleres de decoradores y tapiceros; la parte norte, por los diseñadores independientes más de moda, cafés, bares y restaurantes. En el n.º 130, no te pierdas las exposiciones de la famosa **galería Perrotin** que se trasladó al distrito en 2017.

New Museum of Contemporary Art ★

235 Bowery - ☏ 212 219 1222 - www.newmuseum.org. Cerrado por obras de ampliación hasta principios de 2025.

☺ Agradable cafetería en la planta baja.

Los arquitectos japoneses Sejima y Nishizawa diseñaron este museo, cuya estructura está formada por una acumulación de cubos de zinc. La fragilidad de su equilibrio refleja la naturaleza inestable del arte contemporáneo. Las colecciones se centran en los nuevos medios, el arte pop digital y las instalaciones.

International Center of Photography

79 Essex James - de 11:00 a 19:00 h, ju. hasta las 21:00 h, ma. cerrado - 18 $.
Fundado en 1974 por dos mitos de la fotografía y el fotoperiodismo, Robert Capa y los hermanos Cornell, el centro antes situado en West Midtown *(1113 Av. of Americas)* se ha trasladado a estos locales modernos y bien diseñados. Aquí podrás descubrir exposiciones temporales (que cambian cada tres meses) dedicadas al fotoperiodismo.

Lower East Side Tenement Museum ★★

108 Orchard St. - ✆ 877 975 3786 - www.tenement.org - visitas guiadas (dep. de la tienda del museo): 10:00 a 17:00 h, vi. y do. hasta las 18:00 h (los horarios varían, consulta la web y reserva, ya que el número de visitantes es limitado) - 30 $.
☺ Película gratuita en la parte trasera de la tienda del museo *(10:00 a 18:30 h, ju. hasta las 20:30 h).* Documento en español en la web del museo.
Entre 1863 y 1935, 7 000 personas vivieron en el 97 de Orchard Street en

Tenement Hall, edificio de vecindad, algo parecido a nuestras viviendas sociales. Los pisos, estrechos y superpoblados, solían estar mal amueblados. Las visitas muestran los hogares de varias familias, cuyas habitaciones se han conservado tal como eran y se han reconstruido temporalmente en un edificio vecino, en el 103 de Orchard Street, mientras se llevan a cabo las obras de renovación. Objetos personales y documentos cuentan sus historias: judíos alemanes o polacos que huían de Europa, católicos sicilianos que inmigraban ilegalmente, irlandeses obligados a marcharse por la hambruna. Sus condiciones de vida, el hacinamiento y las desgracias que les sobrevinieron son el telón de fondo de un viaje conmovedor. A partir de documentos de época y entrevistas, una película narra la vida cotidiana de los inmigrantes, a menudo perdidos en un país cuya lengua hablaban mal.

Eldridge Street Synagogue ★

12 Eldridge St. - ✆ 212 219 0888 - www.eldridgestreet.org - j -todos los días excepto sá. de 10:00 a 17:00 h - 15 $.
Primera sinagoga fundada por judíos de Europa del Este (1887), su ecléctica fachada combina estilos neorrománico, neogótico y pseudomorisco. En el interior, el rico mobiliario de madera incluye un atril para leer la Torá y un arca sagrada para guardarla. Las mujeres pueden asistir a los servicios desde la galería del balcón. Cerrada en 1950, permaneció sin cambios hasta 1980. Una importante obra de

restauración ha devuelto a la sinagoga su antiguo esplendor.

Henry Street

Esta tranquila calle fue el corazón del primer barrio judío. Conserva una interesante arquitectura de finales del siglo XIX. Fundado en 1893, el **Henry Street Settlement** (n.º 263) ocupa un conjunto de casas de ladrillo rehabilitadas: fue aquí donde una tal Lillian Wald fundó una especie de casa de vecindad y centro social (el *settlement*), que ofrecía a los residentes pobres atención, ayuda económica y servicios sociales. Un *settlement* era un pequeño edificio ocupado generalmente por mujeres, enfermeras, maestras de escuela y trabajadoras sociales, que se dedicaban a los desfavorecidos y mantenían una mínima mezcla social en barrios marginales. En aquella época, la mitad de los *settlement* de Manhattan estaban en el Lower East Side.

Manhattan Bridge

C8 *Pueden utilizarlo peatones (carril sur) y ciclistas (carril norte).*
Al sur del distrito, este puente metálico pintado de azul sirve de enlace entre el Lower Manhattan y el barrio de DUMBO, en Brooklyn. Construido en 1912, es el cuarto Puente sobre el East River (tras el puente de Brooklyn, el de Williamsburg y el de Queensboro). Tras rechazarse un

Felipe Herrmann/Getty Images Plus

39

Manhattan Bridge

proyecto inicial de torres coronadas con minaretes, un segundo modelo proponía un sistema de suspensión muy innovador, con cadenas en lugar de cables retorcidos. También fue rechazado. El diseño adoptado conserva únicamente las torres, que tienen un perfil mucho más ligero que el del Puente de Brooklyn.
☺ Para obtener una bella perspectiva y una buena fotografía, toma la calle del lado de Brooklyn (DUMBO) en Washington St., con la silueta del Empire State Building entre los pilares del puente.

Greenwich Village★★

Greenwich Village es ante todo el eterno refugio de poetas, escritores universales, pintores y manifestantes, con sus acordes de jazz y blues. Es el caldo de cultivo intelectual de Nueva York y el barrio favorito de la burguesía, escenario de la universidad y sus estudiantes, siempre en movimiento. Hay que perderse por aquí en primavera, cuando los ciruelos japoneses tienden sus nubes de flores blancas sobre las escalinatas y las mesas de los bares se desbordan por las aceras, en un ambiente bohemio apreciado por muchos famosos.

▶**Acceso:** en metro, bajar en **Astor Place** o en **West 4th St**.

Plano del barrio pág. opuesta. Mapa extraíble B6.

▶**Consejo:** Washington Square es agradable los fines de semana, cuando los artistas callejeros montan espectáculos. Por la noche, para escuchar jazz es preferible ir a Bleecker Street.

Cuando hablamos de **Village** solemos referirnos al West Village o Greenwich Village. En 1696, los ingleses fundaron el pueblo de Greenwich. Durante el siglo XVII se instalaron ricos terratenientes, pero la zona conservó su carácter rural. El siglo XIX trajo cambios: la Quinta Avenida hacia el norte, y el desarrollo de muelles y fábricas a lo largo del Hudson. La burguesía dio paso a los inmigrantes, así como a escritores, artistas y activistas. A finales de siglo

el Village se convirtió en el centro de la vanguardia estadounidense. Los clubes y cafés eran el escenario de animadas reuniones en las que se expresaban radicales, poetas y pintores. En la década de 1910, el **grupo de los Ocho** (☞ pág. 162) organizaba el Armory Show, mientras que durante los años 20 y 30 se vivió la edad de oro del jazz en Nueva York. En la década de 1940 surge el expresionismo abstracto en la pintura, con los 50 los *Beat generation*, los 60 vieron florecer la

---

DÓNDE COMER
All'Antico Vinaio . . . . ⑤
Chelsea Market . . . . ⑦
Balaboosta . . . . ⑧

DÓNDE BEBER
Magnolia Bakery . . . . ⑧
Corner Bistro . . . . ㉑

DE COMPRAS
Pippin Vintage Jewelry . . . . . . ⑥
C.O. Bigelow . . . . ⑩
Village Revival Records . . . . . ⑪
Dave's . . . .
Murray's Cheese . . . . ㊱

SALIR POR LA NOCHE
Le Bain . . . . ④

Village Vanguard . . . . ⑤
Café Wha? . . . . ㉒
Small Jazz Club . . . . ㉔

DÓNDE DORMIR
Walker Hotel
  Greenwich Village . . . . ⑭
The Marlton Hotel . . . . ⑱

GREENWICH VILLAGE

música folk, y los 70, la explosión de la Dowtown Scene y el arte conceptual. Este ambiente de tolerancia también propició el desarrollo de la comunidad gay. Puedes ver, en **Christopher Square Park** las estatuas del artista neoyorquino George Segal (1924-2000) que representan a dos parejas de gays y lesbianas. Enfrente, en el n.º 53 de Christopher St. se encuentra el **Stonewall Inn**, el primer bar gay del distrito. Clasificado como «monumento nacional» por Barack Obama en 2016, es la sede del Orgullo Gay, pero es más conocido por los violentos enfrentamientos entre la población gay y la policía que tuvieron lugar allí en 1969, el acontecimiento que desencadenó el movimiento por los derechos civiles de los homosexuales en Estados Unidos. Visita el **Stonewall National Monument Visitor Center,** abierto en junio de 2024 en 51 Christopher St. *(stonewallvisitorcenter.org).*

Washington Square ★

Parque muy popular, esta plaza cercana a la **New York University** se abre a la Quinta Avenida con un arco del triunfo de estilo Beaux-Arts terminado en 1892. Al sur, la imponente fuente sirve de escenario a los artistas callejeros. En el lado sur, los tableros de ajedrez reúnen a un círculo de aficionados que juegan al aire libre. Con el tiempo, Washington Square se ha convertido en una zona de ocio, un lugar de picnic y el sitio ideal para expresar cualquier protesta. Los alrededores del parque siempre han sido frecuentados por la élite intelectual. **Washington Square North** con sus elegantes mansiones neogriegas fue hogar de algunos de los más grandes escritores del mundo (H. James, E. Wharton, J. Dos Passos). En **Washington Mews** vivieron los pintores E. Hopper y J. Pollock, el poeta E. A. Robinson y la escultora Gertrude Vanderbilt Whitney. Esta callejuela sirvió en su día de vivienda de los criados. Con sus paredes encaladas, arbustos trepadores y adoquines, tiene un encanto difícil de igualar en la Gran Manzana.

Historic Greenwich Village ★★

Al oeste de 6th Avenue se encuentra la parte más antigua de Greenwich Village, con sus calles arboladas y sus

42

deberarr/Getty Images Plus

Casas de Washington Square.

Greenwich

En el 56 de la 7ª Ave. S, **Greenwich Locksmiths** presume de una fachada totalmente cubierta de llaves (como la silla frente a la puerta principal). Una obra de arte que ha convertido a su propietario, Philip Mortillaro, en una celebridad local.

En la esquina de Grove y Bedford, reconocerás la fachada inmortalizada en todos los episodios de la mítica serie *Friends*. Aunque se suponía que vivían aquí, en realidad la serie se rodó íntegramente en un estudio de Burbank (California). Este edificio neoyorquino fue elegido porque en él vivía uno de los directores. Enfrente, la **casita de fachada beige** es una de las últimas casas de madera del barrio.

Otra curiosidad, en el 75 1/2 de Bedford Ave. se encuentra **la casa más estrecha de la ciudad**, con solo 2,9 m (y 9 m de profundidad).

Por último, en el 189 de Spring St., es difícil no mencionar la **Dominique Ansel Bakery**. Dominique Ansel es el inventor del cronut, mitad croissant, mitad donut, y el pionero de la pastelería híbrida. Neoyorquinos y turistas por igual no dudan en hacer cola durante horas al amanecer para comprar dos por persona (a 7,50 $ cada uno).

casas de ladrillo rojo o brownstone (☾ *pág. 159*), evocadoras de la vida en el Village a principios del siglo xx. **Grove Street** cuenta con casas de estilo federal. Echa un vistazo a **Grove Court** (n.ᵒˢ 10-12), un recinto verde rodeado de casas representativas de este estilo arquitectónico. La casa más antigua (1799) se alza en **Bedford Street** (n.º77). Bastante rara en Nueva York, una casa de madera de tres plantas marca la esquina norte de las calles **Grove** y **Bedford**. Fíjate también en el n.º 102 de Bedford St., una extravagante renovación de una casa tradicional del Village, terminada en 1925.

La zona está repleta de lugares históricos vinculados a la creación literaria y teatral. En Bedford Street, el **Chumley's** (n.º 86) fue un bar frecuentado por todos los escritores del Village. En Commerce St., el **Cherry Lane Theater** (n.º 38), fundado en los años 20, es uno de los teatros más innovadores de Nueva York. En cuanto a *Twin Sisters* (n.ᵒˢ 39 y 41), dos casas de ladrillo construidas en 1832, fueron según la leyenda construidas por un marinero cuyas dos hijas no podían vivir bajo el mismo techo.

La escena cambia con **Bleecker Street★** una de las calles comerciales más concurridas del Village, famosa por sus puestos de frutas y verduras, charcuterías, pastelerías y cafés. El tramo de Bleecker Street entre Avenue of the Americas y LaGuardia Place es popular entre los estudiantes de la NYCU, y alberga varios cabarets de jazz, blues y rock.

East Village y NoHoa

El East Village, cuyo corazón late entre Cooper Square y 2nd Avenue, al norte de Houston Street (de ahí NoHo por North of Houston), es el barrio funky de la ciudad, con sus escaparates pintados, tiendas de segunda mano psicodélicas y salones de masajes orientales. Las terrazas de los restaurantes se alinean en las aceras en un alegre revoltijo de mesas desparejadas y sillas multicolores.

▶ **Acceso:** estación de metro o parada de autobús **Astor Place**. **Mapa extraíble BC6-7**.
▶ **Consejo:** como hay poco que visitar, hazlo a la vez que Greenwich. Si te alojas en el distrito, aprovecha la calma de la mañana para dar un paseo. Si no, empieza tus paseos a la hora de comer, cuando el barrio cobra vida.

Cooper Union Foundation Building ★

C6 Fundado en 1859 por un industrial, es el edificio con armazón de acero de estilo neo-romano más antiguo de Nueva York. Alberga una importante escuela centrada en la arquitectura, la ingeniería y las artes. En 2009 se amplió con un espectacular edificio curvo en el **41 de CooperSquare★**.

Merchant's House Museum★

BC6-7 29 East 4th St. - ✆ 212 777 1089 - www.merchantshouse.org - mi. a do. de 13:00 a 16:30 - 15,50 $.
Esta casa de ladrillo de estilo federal, con todo su mobiliario, es testigo del modo de vida de un rico comerciante y su familia en el siglo XIX.

St Mark's Place ★

C6-7 Entre tiendas hippies, puestos de tatuajes y cafés de moda, se adivina el pasado anarquista de esta animada calle.

Tompkins Square Park ★

C7 Plantado con olmos centenarios, este parque de 4 ha ha sido punto de encuentro de manifestantes de todo tipo, desde los socialistas de principios de los años 20 hasta los opositores a la guerra de Vietnam.

St Mark's-in-the-Bowery

C6 131 East 10th St - www.stmarksbowery.org.
Esta iglesia neogriega (1799) sustituyó a la capilla Stuyvesant (◉ pág. 154) cuyos enterramientos fueron transferidos al cementerio adyacente.

Renwick Triangle ★

C6 En la esquina de la 10th St. y Stuyvesant St. se alza un grupo de dieciséis mansiones italianizantes de ladrillo y arenisca, diseñadas por **James Renwick**.

Chelsea★★ y Meatpacking District★★

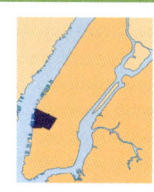

Lejos de las concurridas avenidas, detrás de hileras de árboles, se alinean las fachadas de ladrillo del barrio de Chelsea, prácticamente inalteradas desde el siglo XIX. En el lado este, los almacenes se han reconvertido en galerías de arte, ofreciendo a los visitantes un enorme museo gratuito. Más al sur, el Meatpacking, artístico y mundano, sigue atrayendo a la clientela más glamurosa de la ciudad. Desde 2009, Chelsea está atravesada por la High Line, una antigua vía férrea rehabilitada como paseo verde suspendido, lo que la convierte en una atracción imprescindible, sobre todo desde la apertura del fotogénico parque flotante Little Island, a orillas del río Hudson. En cuanto al nuevo complejo urbano Hudson Yards, sede de la plataforma de observación Edge, ha rediseñado por completo el horizonte de Midtown.

▶ Acceso: en metro, estaciones en **14th, 23rd, 28th y 34th Streets**.

Mapa extraíble AB5-6.

▶ Consejo: empieza por la mañana en el Chelsea Market, luego dirígete hacia el norte y llega al Gallery District sobre las 11:00 h, cuando abren las galerías (cerrado do. y lu.), antes de recorrer el High Line. Si te gustan las compras, dirígete al 6th Ave. (Avenue of Americas), donde encontrarás todas las grandes marcas, mientras que los aficionados a la arquitectura pueden dirigirse a Hudson Yards para ver los últimos rascacielos. Por la noche, descubre los clubes del Meatpacking District.

Chelsea Historic District★

B5 Del Chelsea inglés solo quedan calles tranquilas bordeadas de casas altas con fachadas cubiertas de enredaderas. La mayor parte se concentra entre el 9th y 10th Avenues, a lo largo de la 20th, 21st y 22nd Streets. Las mejor conservadas están en la **Cushman Row★** *(406-418 West 20th St.)*. Sus fachadas neogriegas están precedidas de altos escalones y puertas de hierro forjado que enmarcan pequeños jardines idénticos, y la calle está repleta de vegetación.

Chelsea Market ★

B6 *75 9th Ave. (entre 15th y 16th) - www. chelseamarket.com - 7:00 a 21:00 h.* La antigua fábrica de galletas Nabisco (1898), cuya estructura aún es visible en su totalidad, se ha reconvertido en un mercado gourmet, muy apreciado por los turistas.

45

Gallery District ★★

B5 La mayor concentración de galerías se encuentra al oeste de la 10th Avenue. Empieza en la 20th St. hacia el sur y dirígete hacia el norte por las calles paralelas hasta llegar a la 27th.

☺ La aplicación See Saw contiene una lista de las galerías de arte de grandes ciudades, incluida Nueva York. También hay un mapa en papel disponible en algunas de las galerías de la zona.

En el 529 de la 20th St. **ACA Gallerie** hay una treintena de galerías repartidas en cinco plantas. El 537 22nd St. está ocupado por la pionera **Dia Chelsea** (especializado en instalaciones monumentales). Justo enfrente, **Hauser & Wirth** (542 22nd St.) alberga tres niveles de exposiciones a menudo espectaculares. Arty también, la boutique del diseñador japonés de **Comme des Garçons** (no dudes en atravesar la entrada futurista del n.º 520) abre en la esquina de la 10th Ave. sobre el mítico **Empire Diner**, coronado por un mural de Cobra que representa a Andy Warhol, Keith Haring, Jean-Michel Basquiat y Frida Kahlo. A lo largo de la 24th St., las galerías siguen llevando nombres prestigiosos (Gagosian, Luhring Augustine, Metro Pictures). Las obras, de estilos muy variados, ofrecen un panorama bastante exhaustivo del arte contemporáneo.

Meatpacking District ★★

AB6 Al norte de Greenwich se encuentra el antiguo distrito de los mataderos, el mayor centro de producción de carne de vacuno del país a mediados del siglo XIX. A medida que mejoró el transporte, los mataderos se fueron acercando a las zonas agrícolas, dejando solo el mercado mayorista de **Gansevoort Meat Market**. En los años 90, el distrito tenía una reputación siniestra. Sin embargo, sus calles adoquinadas y sus almacenes lo han convertido ahora en un lugar de moda para clubes y diseñadores de moda. Como recuerdo del pasado, se han conservado antiguos rótulos (como «Dave's Quality Meat»), pero las marcas de lujo han tomado el relevo: Christian Louboutin, Hermès, Prada o Tesla se concentran en una pequeña zona entre Gansevoort y Washington Streets, Little West 12th Street y West 13th y 14th Streets.

Whitney Museum of American Art ★★★

A6 99 Gansevoort St. - ☎ 212 570 3600 - www.whitney.org - 10:30 a 18:00 h (hasta las 22:00 h los vi.) - ma. cerrado - 30 $.

Fundado en 1931 en Greenwich Village por la coleccionista de artistas Gertrude Vanderbilt Whitney, en 2015 el museo se trasladó de su ubicación en la Museum Mile a un nuevo emplazamiento diseñado por Renzo Piano. Nos gustan especialmente las salas de exposición. Luminosas y flexibles, están adornadas con ventanales que ofrecen impresionantes vistas del río Hudson y del lado este de Manhattan. Cada planta dispone también de una terraza panorámica con vistas al High Line.

Especializada en el arte estadounidense de los siglos XX y XXI, la colección

46

contiene más de 21000 obras de más de 3000 artistas (entre ellas, más de 3000 pinturas y dibujos de **Edward Hopper**), pero la mayor parte del tiempo solo se expone una pequeña parte de la colección permanente. Una gran parte se reserva a **exposiciones temporales**, con el objetivo de situar la creatividad nacional en el contexto de las tendencias artísticas mundiales, pasadas y presentes.

El recorrido abarca los inicios del **arte moderno estadounidense**, aún influido por las tendencias europeas, los colores del fauvismo y las formas geométricas del cubismo. Destacan **Marsden Hartley**, Max Weber, **Georgia O'Keeffe**, **Charles Sheeler**, Stuart Davis, **Arshile Gorky** y Milton Avery. La exposición pasa del realismo urbano de principios del siglo xx a la pintura geométrica y luego abstracta, antes de llegar al realismo de los años 30. La estrella del museo es **Edward Hopper**, pero **Paul Cadmus** y **Reginald Marsh** siguen sus pasos. Luego vinieron los expresionistas abstractos, **Robert Motherwell** y **Clyfford Still**, Alexander Calder, Franz Kline, **Andy Warhol** y, más recientemente, **Kiki Smith**.

Little Island ★

A6 *Pier 55, Hudson River Park West 13ᵗʰ St. - www.littleisland.org -* ♿ *- de junio a agosto de 6:00 a 0:00 h; de marzo a mayo, septiembre y octubre hasta las 23:00 h; de noviembre a marzo hasta las 21:00 h.*

Little Island forma parte del proyecto de desarrollo del Hudson River Park. Esta isla-jardín sobre pilotes (2021) tardó casi cuatro años en construirse y costó 260 millones de

Little Island diseñado por Heatherwick Studio.

francois-roux/Getty Images Plus

dólares, financiados principalmente por la fundación del empresario multimillonario **Barry Diller** y su esposa, la diseñadora **Diane von Furstenberg** (ya accionista de The High Line). Diseñada por **Thomas Heatherwick**, creador también de **The Vessel★** (🧭 *pág.*50), Little Island levita fuera del agua gracias a las 132 macetas de hormigón en forma de tulipán que la sostienen, con alturas que oscilan entre los 5 y los 18 m. Los antiguos pilares de madera del Pier 54, conservados para proteger la flora y la fauna submarinas, aún se sostienen bajo el río Hudson.

Hay varios miradores a lo largo de los senderos ajardinados desde los que se puede admirar el *skyline* de Manhattan y el centro de la ciudad. Para disfrutar de una vista panorámica de Little Island, sube al nuevo Rooftop Park del **Pier 57** (un gran edificio verde propiedad de Google), donde los visitantes pueden disfrutar de dos niveles de terrazas con césped, bancos y un solárium. Desde la segunda planta, los visitantes pueden contemplar un caleidoscopio de arquitectura desde los almacenes del distrito de Meatpacking hasta los últimos edificios en construcción. La planta baja está ocupada por un salón de comidas gourmet con espléndidas vistas.

High Line ★★

AB5-6 *www.thehighline.org.*
Paralela al Hudson, esta línea de ferrocarril en desuso se utilizaba para transportar mercancías para la industrializada zona oeste de Manhattan. El tramo aéreo que une Gansevoort Market con la 34th Street, en dirección a Chelsea y Penn Station, se transformó en un **corredor verde suspendido** entre 2009 y 2014, convirtiéndose en una importante atracción turística (8 millones de visitantes al año). El paseo, inspirado en el paseo plantado del barrio de la Bastilla de París, comienza en el Meatpacking District y serpentea por el barrio de Chelsea, entre edificios de arquitectura ecléctica (más de 2,5 km). Jugando hábilmente con el grafismo conservado de algunos raíles, el mobiliario urbano y los parterres de césped, la High Line está salpicada de áreas de descanso y miradores, especialmente agradables al atardecer al contemplar la puesta de sol sobre el río Hudson. A lo largo del recorrido se pueden admirar obras de arquitectos de renombre, como el **IAC Building** (Frank Gehry), el **100 11th Avenue** (Jean Nouvel), la residencia **HL23** (Neil Denari) y el **520 West 28th** (Zaha Hadid).

Hudson River Park ★

AB4-7 *www.hudsonriverpark.org.*
Mientras que el High Line está enraizado en un entorno totalmente urbano, un paseo por el Hudson River Park abre el horizonte y permite olvidarse del ajetreo de la ciudad. A lo largo del Hudson, de la **59th St.** en el norte al **Battery Park** al sur, ciclistas, paseantes, tipos contemplativos y corredores se mezclan para disfrutar de una vista sin impedimento en el *skyline* de Nueva Jersey, enfrente, y disfrutar de los espacios verdes y los numerosos bancos del paseo para apreciar Nueva York de otra manera. ¡Incluso hay un tramo de playa (*Pier 53)*!
A lo largo del paseo, los puertos deportivos albergan **cruceros.** Circle Line Cruises (*Pier 83 - entre* 42nd *St. y* 12th Ave.) tiene buena reputación por sus cruceros por el Hudson y la bahía. Chelsea Piers (*Pier 62 - entre* 17th y 23rd St. - ☎ 212 336 - www.chelseapiers. com - ✖) es un complejo que comprende cuatro muelles y varios clubes deportivos. Se puede patinar, nadar, jugar a los bolos y mucho más. En el Pier 62, los niños también pueden disfrutar de un bonito **tiovivo** frente al río. Los **ciclistas** pueden alquilar bicicletas en 44th St. (*Pier 84 - Maritime Entertainment District*).

Hudson Yards ★

B5 *Entre la 30th St. y la 34th St, desde el Hudson a la 10th Ave.*
Nacido en 2019 en el extremo norte de la High Line, es el mayor proyecto inmobiliario privado desde la construcción del famoso Rockefeller Center en los años 30.

Con sus sensacionales rascacielos (como **The Spiral** diseñado por BIG, con sus terrazas escalonadas que envuelven la fachada), su centro comercial (🕑 *pág. 124*) con sus atracciones, sus obras de arte y el parque público que la une al High Line, esta ciudad dentro de una ciudad ha transformado la imagen de Manhattan. El faraónico coste, estimado en casi 20 000 millones de dólares, incluye innovaciones tecnológicas como una central eléctrica anti-cortes y un sistema autónomo de tratamiento de residuos.

Vessel★

www.hudsonyardsnewyork.com - Reapertura en 2025, infórmate mientras tanto, acceso posible solo a la planta baja, 10:00 a 20:00 h, do. de 11:00 a 19:00 h.

Inaugurada en 2019 y diseñada por el artista y diseñador británico Thomas Heatherwick, esta impresionante obra de cobre y cristal recuerda al panal de una colmena. La estructura de quince plantas cuenta con ochenta plataformas de observación, cada una de las cuales ofrece una perspectiva y un panorama diferentes. Cerrado desde hace varios años, The Vessel tiene prevista su reapertura en 2025.

The Shed

545 West 30th St. - www.theshed.org - ♿.

Diseñado por los arquitectos Diller Scofidio + Renfro, este centro de artes contiguo a The Vessel ofrece desde 2019 una programación ecléctica (exposiciones, música clásica, hip-hop, teatro, cultura callejera, etc.). Su caparazón de nácar es completamente desmontable gracias a seis ruedas gigantescas, lo que permite modular el espacio en función de las necesidades.

Edge★★

30 Hudson Yards - www.edgenyc.com - de 9:00 a 22:00 h - 36/81 $ según opciones, tarifas variables según días y horarios, consultar en internet - descuentos online.

Inaugurada en 2020, Edge es la plataforma de observación más alta no solo de Nueva York, sino de todo el hemisferio occidental. Se accede por la cuarta planta del centro comercial **The Shops at Hudson Yards**. La visita comienza con un recorrido inmersivo por el diseño y las innovaciones medioambientales del lugar. A continuación, los ascensores llevan a los visitantes a la planta 100, donde pueden descubrir la terraza triangular al aire libre, suspendida a 335 m del suelo. Las grandes paredes acristaladas están inclinadas para que los visitantes puedan agacharse, y parte del suelo está acristalado, ¡así que no tengas miedo a las alturas! Al final de la explanada, una amplia escalera permite tomarse un respiro y admirar las vistas. Bar con champán en la planta 101.

Para los más aventureros, la atracción **City Climb** (*de 10:00 a 18:00 h, 185 $ con entrada a Edge incluida*) es la escalada de edificios al aire libre más alta del mundo. Con arneses, los visitantes suben por empinadas escaleras de acero empotradas en el lateral del edificio, a 365 m del suelo. Se necesita un corazón fuerte para disfrutar de esta increíble experiencia, que solo Nueva York puede proporcionar.

Union Square, Madison Square y NoMad★

Junto con Chelsea, este grupo de distritos forma un vínculo entre el Downtown y el Midtown. El Flatiron Building apunta al norte, entre Broadway y la Quinta Avenida. Más allá, se divisa el bosque de hormigón de Midtown, pero antes, Nueva York se toma el tiempo de detenerse en sus áreas verdes. Union Square es la más bulliciosa y también la más rural, pues los agricultores locales acuden a vender sus productos. Más al este, Gramercy Park reserva sus tranquilos bancos solo a los residentes locales, mientras que Madison Square, al norte, es la más urbana de las tres, con sus senderos para pasear perros entre rascacielos.

▶**Acceso:** estaciones de metro y paradas de autobús **Union Square** o **Madison Square**. **Mapa extraíble C6**.

▶**Consejo:** visita este barrio los lu., mi., vi. o sá., días de mercado de agricultores en Union Square.

Union Square Park

Creado en 1831, este parque ha sido escenario de diversos acontecimientos y ahora es un lugar popular para relajarse. Alrededor de la plaza se encuentran algunos de los primeros rascacielos de Nueva York.
Un mercado local (***greenmarket***) se celebra aquí algunos días de la semana (◖ «*Consejo*» *arriba*). Desde los puestos de productos lácteos hasta los de flores, frutas y verduras, hierbas aromáticas y repostería, se hace hincapié en los productos ecológicos, procedentes directamente de granjas del Estado de Nueva York y los estados adyacentes (Pensilvania, Nueva Jersey, etc.). Union Square atrae a los caballetes de artistas emergentes y músicos callejeros, así como a trabajadores, que acuden aquí a tomar un bocadillo durante su descanso, y estudiantes, que holgazanean en el céspedes bajo los primeros rayos de sol.

Gramercy Park★

Rodeado de hermosas casas pero reservado a los residentes locales (isolo ellos tienen las llaves!), es uno de los parques con más encanto de Nueva York.

Flatiron Building ★★

El Flatiron Building fue el primer rascacielos de Nueva York (1902) y, en su momento, el más alto del mundo (87 m): imítico sin duda! Revendido en 2023, alcanzó en subasta un precio de 160 millones de dólares. Sus veintiuna plantas sostenidas por una estructura de hierro fundido, su estilo italianizante Beaux-Arts y su forma original son obra de **Daniel Burnham**. Sorprendentemente estrecho, ocupa un triángulo entre Broadway, la Quinta Avenida y la 22nd Street: su forma de «hierro» le valió su apodo.

Theodore Roosevelt Birthplace

28 East 20th St. - ☎ 212 260 1616 - www. nps.gov/thrb - todos los días excepto lu. a mi. de 10:00 a 16:00 h - entrada gratuita.

La casa natal del 26e presidente de los Estados Unidos (1901-1909) fue construida en 1848 y destruida en 1916. Este museo, construido en 1920 para sustituirla, presenta una colección de objetos que pertenecieron a él o a su familia.

Madison Square ★

Agradable parada, la plaza estuvo en su día en el corazón de un elegante distrito y fue sede del primer club de béisbol de la ciudad.

A pocas manzanas, en el 4 de Pennsylvania Place, se alza el inmenso **Madison Square Garden** que acoge

Koreatown

En W.32nd St. (entre Quinta Avenida y Broadway) y las calles de alrededor, K-Town te sumerge en el «País de la Calma Matutina», donde numerosos comercios fomentan los tópicos de esta zona: restaurantes de barbacoa abiertos las 24 horas, karaokes que encantan a los hombres de negocios de Seúl, objetos pop, productos de belleza, acupuntores, etc.

conciertos, partidos de baloncesto (sede de los New York Knicks) y de hockey sobre hielo (New York Rangers).

NoMad ★

El barrio de NoMad se encuentra al norte de Madison Square Park y al sur del Empire State Building. Antiguo refugio de anticuarios, extravagantes tiendas de segunda mano, joyerías y mayoristas, durante mucho tiempo se abandonó a su suerte. Pero en los últimos años, NoMad ha vuelto al primer plano, más lujoso que nunca. Cada vez se abren más hoteles de diseño vanguardista, y las boutiques vintage conviven con las tiendas de moda. En cuanto a la escena culinaria, tiene la audacia de combinar comida callejera con restaurantes con estrellas Michelin.

West Midtown★★★ y Theater District

En Midtown entrarás en un mundo de excesos. Los rascacielos de cristal y acero y las gigantescas luces de neón de Times Square, el collar de teatros de Broadway, las prestigiosas boutiques de la Quinta Avenida, las fantásticas panorámicas desde el Empire State Building y el Rockefeller Center y, por supuesto, la fabulosa colección de arte moderno y contemporáneo del MoMA. ¡Lo suficiente como para hacerte mirar a todas partes!

▶ **Acceso:** para verlo todo hay que caminar mucho. Puedes coger un autobús por las avenidas (5ª Ave.: **líneas 1 a 4**; 6th Ave. y Broadway: **líneas 5 y 7**; 7th Ave: **líneas 7 y 20**) o usa el metro: estaciones **Herald Sq.**, **Times Sq.** y **5th Avenue**.
Mapa extraíble BC4-5.
▶ **Consejo:** si te gustan el teatro y los musicales, no te pierdas el nuevo Museum of Broadway.

Broadway ★
Theater District

BC4 Cuando se fundó Nueva York, lo que hoy es Midtown era poco más que un campo ondulado. Pero mientras la inmigración traía oleadas de pobres al sur, los que habían hecho fortuna se asentaban más al norte, a lo largo de la Quinta Avenida, seguidos de grandes almacenes y hoteles elegantes. Naturalmente, toda esta gente necesitaba entretenimiento, así que se creó el **Theater District** (Barrio de los teatros) con la apertura del Olympia en 1895. En poco tiempo, cerca de ochenta teatros surgieron a ambos lados de Broadway, alrededor de lo que se conoció como **Times Square★★** en una zona que se extendía desde la 6th a la 8th Avenue, entre la 40th y la 57th Street. Originalmente destinados a comedias ligeras, más tarde vieron actuar a los grandes dramaturgos europeos, seguidos de musicales americanos y, por último, espectáculos eróticos. Renovados en la década de 1990, los antiguos teatros (unos cuarenta) han vuelto desde entonces al éxito popular de los musicales.

Historic Theaters

BC4 Comienza en **42nd Street** donde se encuentran los teatros más antiguos y prestigiosos del Theater District, y luego dirígete hacia el norte. El **New Amsterdam Theater** (1903) acogió los espectáculos neoyorquinos de Maurice Chevalier. La 44th Street también cuenta con numerosos locales históricos: el **Majestic** (1927), el **Shubert Theater** (1913), donde debutó Barbara Streisand, y el **Lambs Theater** (1904).

Para hacer en familia: SpyScape, el museo del espionaje

Una inmersión interactiva en el mundo de las operaciones de vigilancia e inteligencia que gustará por igual a padres y adolescentes, siempre que se tengan ciertos conocimientos de inglés. Las salas abarcan distintos períodos, desde la Segunda Guerra Mundial hasta la Guerra Fría, pasando por las investigaciones contemporáneas del FBI o los grandes hackeos informáticos. Hay muchas pruebas por el camino, incluidos mensajes codificados y detectores de mentiras... Al final del recorrido, tu pulsera de identificación personal definirá el perfil del espía que llevas dentro ¿más de criptólogo o de agente de campo?

C4 *928 8th Ave. (esquina 55th St.) - ☎ 212 549 1941 - spyscape.com - de 12:00 a 20:00 h, sá. desde las 11:00, do. de 11:00 a 19:00 h (última entrada 90 min antes del cierre; calcula de 1:30 a 2:00 h para la visita) -desde 44 $.*

En el nº 432, en una antigua iglesia, se encuentran los **Actors Studio**, donde estudiaron Marlon Brando, Dustin Hoffman y Al Pacino, entre otros. En la 45th Street, el **Lyceum Theater** conserva su fachada Beaux-Arts (1903). El **Imperial Theater** representa famosos musicales. En el 46th Street, el **Lunt Fontanne Theater** acogió a Marlene Dietrich. Una calle más arriba, el **Barrymore Theater** produjo *Un tranvía llamado deseo,* con Marlon Brando. En la esquina de Broadway y la 50th Street, el **Cadillac Winter Garden** todavía resuena con las Ziegfeld Follies, que actuaron allí con Joséphine Baker.

Museum of Broadway ★

C5 *145 West 45th St. (esquina 7th Ave.) - ☎ 212 239 6200 - www. themuseumofbroadway.com Todos los días de 9:30 a 18:30 h (mi. hasta las 14:30 h y sá. hasta las 20:00 h) -47 $. Calcula de 1:30 a 2:30 h la visita.*
¿Qué sería de Nueva York sin sus musicales? Este museo eternamente esperado y ricamente documentado,

con una museografía digna de un espectáculo de Broadway, presenta un recorrido cronológico inmersivo que recorre la historia de este distrito desde su primer teatro en 1732. Con 14 millones de espectadores al año y 100 000 puestos de trabajo, Broadway es un auténtico ecosistema artístico y económico. En un guiño al mundo del espectáculo, los visitantes acceden al museo desde los bastidores, a través de una discreta puerta en la parte trasera de la tienda y subiendo los peldaños de una escalera trasera. ¡A continuación, los visitantes se adentran en una aventura fascinante, educativa y maravillosa, repleta de carteles, trajes, decorados, películas y purpurina!

Carnegie Hall

C4 *156 West 57th St. (esquina 7th Ave.) - ☎ 212 247 7800 - www.carnegiehall. org - Todos los días -visita guiada 1:00 h (excepto julio a septiembre): infórmate para los horarios visitar la página web - 20 $*
La sala de conciertos más famosa de Nueva York es obra de

Marco_Piunti/Getty Images Plus

Times Square.

Andrew Carnegie, magnate del acero e hijo de inmigrantes escoceses que participó desde muy joven en obras de caridad. A finales del siglo XIX, decidió financiar la construcción de un auditorio de renombre internacional. Construido en forma de herradura en un estilo que recuerda al Renacimiento italiano, fue inaugurado el 9 de mayo de 1891 bajo la batuta de Chaikovski. De 1892 a 1962, fue el escenario de la **Orquesta Filarmónica de Nueva York**. En su interior hay tres salas donde se alternan conciertos de música clásica, jazz, del mundo y variedades. El **Rose Museum** *(2ª planta - de mediados de septiembre a finales de julio de lu. a sá. de 11:00 a 16:30 h)* reúne documentos que recorren más de un siglo de historia del Carnegie Hall.

Hearst Tower ★

C4 *300 West 57th St.* Un edificio atípico, un hito en el paisaje urbano neoyorquino. La estructura básica Art Déco (diseñada por el arquitecto Joseph Urban en 1928) fue rematada en 2006 por una torre diseñada por Norman Foster. El edificio original, inacabado a causa del crack bursátil de 1929, fue completamente destruido para dar paso a la nueva construcción. Con cuarenta plantas de altura, el edificio presenta una fachada a cuadros en la que el cristal está encerrado en triángulos de acero superpuestos, lo que elimina la necesidad de muros de carga. En el vestíbulo del edificio hay una escultura llamada *Icefall*, hecha con miles de paneles de vidrio para formar una cascada de agua de lluvia, y un mural de 23 m, *Riverlines*, del artista británico Richard Long.

Times Square ★★

C5 *Cruce de Broadway y 7th Ave.* Aceras abarrotadas a todas horas, diluvio de luces, coro de bocinas... En el corazón del distrito de los teatros, Times Square sigue siendo el **símbolo** por excelencia del frenesí neoyorquino. En el siglo XIX, **Longacre Square** se utilizaba como mercado de caballos. Su nombre cambió en 1904, cuando *The New York Times* decidió construir allí sus oficinas. En 1916 se instalaron los primeros **carteles luminosos**, que dieron carácter al famoso cruce. En el apogeo del cine neoyorquino, la zona albergó famosos estudios como Paramount y Twentieth Century Fox, pero a partir de los años 70 su reputación decayó a causa del tráfico de drogas y la apertura de sex-shops en las calles aledañas. En la década de 1990 volvió la calma. En la actualidad, Times Square conserva varios edificios dignos de mención: en el n.º 1, la sede (hasta 2007) del *New York Times*, en el n.º 3 la agencia de prensa **Reuters** y en el n.º 4 el rascacielos de alta tecnología **Condé Nast** (1999), reconocible por su torre redonda tapizada de pantallas.

Madame Tussaud's Wax Museum

C5 *234 42ᵗʰ Martin - 866 841 3505 - www.madametussauds.com/new-york - de 10:00 a 20:00 h - desde 50 $, suplementos para las experiencias, descuentos online.*
Este museo presenta más de 200 celebridades americanas, moldeadas en cera (¡de un realismo asombroso!), así como experiencias interactivas en 4 o incluso 7D para adolescentes (no para niños pequeños).

Garment District

C5 Extendido desde la 30ᵗʰ a la 40ᵗʰ St., este barrio fue durante mucho tiempo el baluarte de la **industria de la confección**, una de las principales industrias de Nueva York. Hoy, los talleres se han trasladado al Lower East Side, Chinatown y Brooklyn, debido a sus alquileres prohibitivos.

Macy's ★

C5 *151 West 34th St. (entre Broadway y 7th Ave.) - www.macys.com - de 10:00 a 21:00 h, vi. y sá. hasta las 22:00 h, do. de 11:00 a 21:00 h.*
Construida en 1901, Macy's se enorgullece de ser la tienda más

grande del mundo, ¡con diez plantas! Todos los años se celebra el **Thanksgiving Day Parade**, un colorido desfile (*pág. 147*).

Quinta Avenida (5th Avenue) ★★★

C5-D4 El **emblema** más famoso de Nueva York. Este cañón urbano rectilíneo divide la ciudad en dos: desde Washington Square hasta Harlem, todas las calles de Manhattan llevan, delante de su número, el nombre de la posición que ocupan en relación con la mítica avenida: **East** o **West**. Antaño escenario de algunas de las mansiones más imponentes del mundo, a principios de los años 20, se convirtió en la sede de grandes almacenes y tiendas de lujo. Sus afueras albergan algunas de las joyas arquitectónicas de la ciudad y, desde el oeste hasta la 6ᵗʰ Avenue, algunos de los museos más interesantes de la ciudad, incluido el MoMA.

Empire State Building ★★★

C5 *350 5ᵗʰ Ave. (entre 33ʳᵈ y 34ᵗʰ Sts.) - 212 736 3100 - www.esbnyc.com - de 10:00 a 21:00 h (último ascensor a las 20:15 h); horarios sujetos a cambios. - mirador de la planta 86 y museo de la planta 2: 44 $; con subida opcional a la 102, 79 $; Main Deck Express Pass para las plantas 86 y 102, 85 $. Cuenta con unas 2 h con la cola.*
Con el derrumbe de las torres gemelas del World Trade Center, este **legendario rascacielos** volvió a ser **el más alto de la ciudad** (443 m incluida la antena) hasta que fue destronado por el One World Trade Center, terminado en 2014 y que mide 541 m. El Empire State Building,

Una obra colosal

Solo se tardó un año y cuarenta y cinco días en terminar el Empire State Building: 4 000 obreros al día, 60 000 toneladas de acero y 10 millones de ladrillos. El edificio tiene 6 500 ventanas, 73 ascensores de alta velocidad y 1 860 escalones. Iba a costar 50 millones de dólares, pero la factura se redujo a 41 millones. Su renovación, en cambio, ¡costó casi 100 millones de dólares!

construido en el emplazamiento del primer hotel Waldorf-Astoria, se inauguró el 1 de mayo de 1931. Podría haber sido un fiasco, ya que apenas se habían firmado los contratos y Estados Unidos se sumía en la Gran Depresión de 1929. En cambio, pareció sorprender a todo el mundo, y el rascacielos despertó todas las fantasías. En 1933, el mítico gorila gigante, King Kong, subió a lo alto del edificio. En 1945, un día de niebla, un avión se estrelló contra el piso 79, matando a catorce personas. Instalada en 1953, la antena de televisión situada en lo alto del mástil original estaba provista de una linterna para avisar a los pilotos.

Cada noche, la parte superior del edificio se ilumina, cambiando los colores según el día y la estación. Gracias a las recientes obras de renovación, la experiencia del Empire State Building se ha replanteado por completo. Moderna, envolvente e interactiva, la visita comienza ahora en la segunda planta, donde hay un **museo de** casi 1 000 m² que relata la historia y el diseño arquitectónico del edificio, antes de llegar a la terraza exterior.

Mirador - Situado en la planta 86 (320 m sobre el nivel del mar), ofrece una de las mejores panorámicas de la ciudad: el bosque de hormigón de Midtown al norte, el nuevo complejo de Hudson Yards y, más allá de los edificios bajos de Greenwich y SoHo, los rascacielos del bajo Manhattan, incluido el One World Trade Center.

New York Public Library ★

C5 *5th Ave, entre West 40th y 42nd Sts - ☎ 917 275 6975 - www.nypl.org - de 10:00 a 18:00 h (ma. y mi. hasta las 20:00 h) - do. cerrado.*

La Biblioteca de Nueva York, una de las más importantes del mundo, es obra de cuatro hombres: dos mecenas bibliófilos, John Jacob Astor y James Lennox, un donante, Samuel Tilden, y su albacea, John Bigelow. A Bigelow se le atribuye el mérito de haber conseguido fusionar las bibliotecas de los dos primeros, utilizando el dinero del tercero para construirles este edificio (1911). El diseño se encargó a los arquitectos Carrère & Hastings, que diseñaron una de sus primeras obras. **Andrew Carnegie** también contribuyó al proyecto. Además de la altísima **escalinata**, podrás admirar la **columnata** y la **pareja de leones** de piedra que custodian la entrada. Si el exterior es un poco macizo, el interior, de mármol con un **espectacular techo de cristal** de seis pisos, parece más aireado. Las **colecciones** son las segundas más importantes del país, después de las de la Biblioteca del Congreso de Washington. No te pierdas la exposición que presenta una ecléctica selección de sus tesoros.

Bryant Park ★

C5 *Entre la 42nd y la 40th Sts.*
Adyacente a la Public Library, este parque, adorado por los neoyorquinos, es ideal para un descanso o un picnic. Césped, mesas y sillas, juegos de mesa o al aire libre y varios quioscos para picar algo y tomar un refresco. En verano, hay conciertos y desfiles de moda. En invierno, hay una pista de hielo y un mercado navideño. Fíjate en la diversidad arquitectónica de los edificios que la bordean: el **American Standard Building** (ex-Radiator Building, 1924), de ladrillo negro y terracota dorada, y el **Grace Building** (1972), con su fachada curvada hacia el suelo.

Diamond & Kewelry Way

C5 *47ᵗʰ St, entre 6ᵗʰ y 5ᵗʰ Aves.*
El 90 % de los diamantes que entran en Estados Unidos pasan por esta calle, donde se vende la mayor cantidad de **piedras preciosas** del mundo. El comercio de diamantes comenzó en el Lower Manhattan en el siglo XIX, y ha seguido a los adinerados clientes de la Quinta Avenida hacia el norte. ¡Aquí se han instalado unas 2 600 empresas!

Rockefeller Center ★★★

C5 *5ª Ave, entre 48ᵗʰ y 51ˢᵗ Sts - 📞 212 588 8601 - www.rockefellercenter. com - visitas guiadas de 10:00 a 19:00 h infórmate Rockefeller Center Tour 27 $.*

El Rockefeller Center es el primer ejemplo de un gran concepto arquitectónico y urbanístico en Nueva York. Por primera vez se planificó un vasto complejo unificado en torno a una idea y un estilo. **John D. Rockefeller Jr.**, magnate del petróleo y el hombre más rico del mundo en aquella época, vio en el proyecto una oportunidad para desarrollar su barrio. Centró el proyecto en las florecientes industrias de la radio y el cine. Los arquitectos diseñaron un complejo de trece edificios dispuestos en torno a una plaza central y un rascacielos simbólico, más alto que los demás. Obras de arte, un jardín y espacios abiertos debían permitir al público hacer suyo el lugar y transmitir el mensaje de una América ideal. Iniciado en 1931 y terminado en 1939, el complejo inicial fue, con la excepción del World Trade Center y recientemente de Hudson Yards, el único proyecto de tal ambición. En 1947 y 1973 se construyeron siete nuevos edificios. Se calcula que trabajan en él 65 000 personas.

Rockefeller Plaza ★★ - Se accede desde la Quinta Avenida por los **Channel Gardens**, entre la **Maison Française** y el **British Empire Building**. Esta estrecha avenida llena de flores desciende suavemente hasta Lower Plaza, un café semienterrado con una gran terraza rodeada de banderas de todo el mundo. Aquí se encuentra la famosa pista de hielo, que se renueva cada invierno desde 1936, y la reluciente estatua de **Prometeo** (Paul Manship, 1934).

General Electric Building ★★ - El más alto de los rascacielos del complejo,

59

terminado en 1933 (setenta plantas construidas en menos de dieciséis meses), está considerado un ejemplo perfecto de Art Déco, tanto por fuera, con sus líneas rectas y plantas que se estrechan gradualmente, como por dentro. La plaza de entrada está decorada con coloridos bajorrelieves (Lee Lawrie, 1933), centrados en el tema de la sabiduría. El vestíbulo es aún más impresionante, con su enorme fresco del español José María Sert, titulado *American Progress* (la obra sustituyó a la «ofensiva» representación de Diego Rivera del desfile del primero de mayo encabezado por Lenin).

Top of the Rock★★ - **C4** - *entrada por la 50ᵗʰ St. entre 5ᵗʰ y 6ᵗʰ Ave. - 67ª-70ª plantas - ☏ 877 692 7625 - www.rockefellercenter.com - de 9:00 a 23:00 h (último ascensor a las 22:10 h) $40 - reserva el día anterior por teléfono o Internet para elegir la hora.*
Junto con el Empire State Building y el SUMMIT One Vanderbilt, es la tercera opción para ver el corazón de Manhattan desde las alturas. Más abajo, la terraza (259 m) permite admirar el Empire State y Central Park. El espléndido **atrium★★** acristalado de tres plantas presenta la historia del Rockefeller Center. El mirador, estrecho y alargado como la cubierta de un barco, ofrece una maravillosa panorámica ★★★ sobre Midtown: ¡intenta ir al atardecer, para aprovechar las luces de la ciudad!

NBC Studio Tour ★

C4 *30 Rockefeller Plaza - ☏ 212 664 3700 - www.thetouratnbcstudios.com - ♿ - horarios variables, consulta la página web - 48 $.*

Recorre los estudios y descubre la historia de la cadena NBC, los inicios de la radio y la transición a la televisión.

Radio City Music Hall ★

C4 *1260 6ᵗʰ Ave. (esquina 50thSt.).* Típicamente Art Déco, este music-hall (1932), el mayor teatro cubierto del mundo en su momento, formaba parte del complejo del Rockefeller Center. Tradicionalmente se utilizaba para estrenos cinematográficos. Ahora acoge espectáculos musicales, el más popular de los cuales es el *Radio City Christmas Spectacular*.

Christie's

C5 *20 Rockefeller Plaza - www.christies.com - de 10:00 a 17:00 h, do. desde la 13:00 h - entrada gratuita.* Esta prestigiosa e histórica casa de subastas expone constantemente una selección de las obras de arte que se venderán bajo los martillos de los subastadores. Una oportunidad para admirar grandes nombres u objetos personales únicos (la colección privada de Elton John, por ejemplo) sin gastar un solo dólar.

Museum of Modern Art (MoMA) ★★★

C4 *11 West 53ʳᵈ St. (entre 5ᵗʰ y 6ᵗʰ Aves) - ☏ 212 708 9400 - www.moma.org - de 10:30 a 17:30 h, sá. hasta las 19:00 h - 28 $; el billete incluye la entrada al MoMA PS1 (☾ pág. 100). Calcula de 1:30 a 3:00 h para la visita*
☺ Al menos para echar un vistazo, déjate caer por la MoMA Design Store, casi tan famosa como el propio museo. Su arquitectura interior luminosa,

60

WISDOM AND KNOWLEDGE SHALL BE THE STABILITY OF THY TIMES

su pequeño jardín de esculturas y su increíble concentración de obras maestras hacen del **MoMA** un fascinante viaje por el arte desde mediados del siglo XIX hasta nuestros días. El museo fue fundado en 1929 por tres mujeres, **Abby Rockefeller** (cuyo marido creó el Rockefeller Center), **Lillie Bliss** y **Mary Sullivan**, que querían poner de moda el arte moderno.

Tras una primera modernización en 2004 (realizada por el japonés Yoshio Taniguchi), una nueva fase de ampliación del museo —¡con un coste de 450 millones de dólares! — se completó a finales de 2019: el MoMA cuenta ahora con un 30 % más de espacio expositivo en tres plantas del nuevo rascacielos de cristal adyacente diseñado por **Jean Nouvel**. El proyecto fue diseñado por los arquitectos **Diller Scofidio + Renfro** (en colaboración con Gensler), ya conocidos por haber codiseñado la High Line (🔎 *pág. 48*). Gracias a este nuevo conjunto, la experiencia del visitante en el MoMA se ha replanteado por completo. La escenografía conserva una disposición más o menos cronológica, pero el museo, que ha abandonado el sistema de colgar las obras por disciplinas artísticas, se atreve ahora a innovar: pintura, escultura, diseño y fotografía. Los conservadores han previsto rotar las colecciones cada seis o nueve meses para renovar periódicamente la experiencia del visitante. Para completar su evolución, el MoMA quiere volver a su misión original y sacudir las cosas. Ha tomado la decisión de integrar identidades

plurales en sus colecciones, que ahora incluyen obras de artistas asiáticos, afroamericanos y mujeres.

El MoMA se organiza en torno a un vestíbulo espectacular. Una pared de cristal da al **jardín de las Esculturas★★** salpicado de bancos.

Pinturas y esculturas★★★ - Los **impresionistas** están representados por Pierre Bonnard, Édouard Vuillard y Claude Monet, cuyo tríptico *Reflejos de nubes en el estanque de nenúfares* (1920) ocupa toda una sala.

A los **postimpresionistas** les atraían las líneas simplificadas y los colores más nítidos. Entre ellos figuran Georges Seurat *(Evening, Honfleur*, 1886), Paul Cézanne *(El bañista*, 1885), Paul Gauguin y Henri Rousseau. Vincent Van Gogh ocupó un lugar de honor con *Los olivos* (1889) y la famosa *Noche estrellada* (1889).

Los **fauves**, André Derain y el primer Matisse se identifican con sus pinceladas atrevidas y sus colores planos. A raíz de este movimiento, Picasso inicia una nueva etapa en su pintura. Sus primeros lienzos permiten medir su larga evolución, desde los colores suaves y los modelos figurativos de sus desnudos del período Rosa hasta *Las señoritas de Avignon* (1907), donde se aprecia tanto la influencia del arte oceánico como la deriva progresiva hacia el **cubismo**, puesta de relieve en lienzos como *Muchacho con caballo* (1905-1906), *Mujer con peras* (1909) y *Ma jolie* (1911-1912). El museo cuenta con cuadros de Juan Gris y numerosos lienzos de Henri Matisse, entre ellos su famosa *Danza.* También hay obras del español De Chirico, Fernand Léger y esculturas de Brancusi.

El **expresionismo** se traduce en una visión de las cosas distorsionada por las emociones del artista. Las formas se estilizaban y los colores son a menudo brillantes. Los alemanes fueron los máximos exponentes de este movimiento, representado por pintores como Oskar Kokoschka, Paul Klee y Vassily Kandinsky *(Cuadro con arquero,* 1909).

El primer **arte abstracto** fue la continuación del cubismo. Pero las formas geométricas y las grandes superficies coloreadas ya no pretendían estar relacionadas con la realidad. Entre los pioneros se encuentran Marc Chagall, Robert Delaunay, Kazimir Malevich y Fernand Léger. En otro estilo, la sala Mondrian introduce una forma puramente plástica de este arte.

El **movimiento Dadá** y el **surrealismo** ocupan también una amplia sala, que incluye los *collages* iniciados por Picasso y Braque. Francis Picabia, Marcel Duchamp y Kurt Schwitters forman parte de este movimiento. Entre los grandes surrealistas, admirarás a André Breton, Joan Miró con *Hirondelle Amour* (1933), Max Ernst, René Magritte y Salvador Dalí *(La persistencia de la memoria,* 1931). Entre los escultores, destacan las notables estatuas de Giacometti. Los **pintores estadounidenses** no se quedan atrás, con Edward Hopper y Charles Sheeler.

El MoMA reúne otros grandes nombres de la pintura americana y del **expresionismo abstracto** desde mediados del siglo xx hasta nuestros días: Jackson Pollock, Willem De Kooning con *Mujer I* (1950),

Mark Rothko, Clyfford Still, Robert Rauschenberg, Jasper Johns y el inglés Francis Bacon. Junto a Andy Warhol y *Gold Marilyn Monroe* (1962), el **pop art** incluye a James Rosenquist, Claes Oldenburg y Roy Lichtenstein.

Diseño, fotografía y dibujo★★ -Un ala dedicada al **diseño★★** abarca el progreso de la tecnología en los objetos cotidianos y la evolución de la estética durante el siglo xx, desde los utensilios de cocina de los años 30 y 40 hasta los primeros ordenadores y muebles más o menos extravagantes. El departamento de **fotografía** recorre la historia de este medio desde mediados del siglo xix y sus diversas aplicaciones periodísticas, artísticas y comerciales.

La colección de **dibujos★** incluye obras a lápiz, tinta y carboncillo, así como *collages* y acuarelas.

Intrepid Sea-Air-Space Museum ★

B4 *Pier 86 (a la altura de la 46th St.) - ☎ 212 245 0072 - www.intrepidmuseum. org - ♿ - de 10:00 a 17:00 h (los fines de semana de abril a septiembre hasta las 18:00 h) - 36 $.*

Este museo al aire libre cuenta con barcos de la Marina estadounidense, como el *Intrepid* —un portaaviones de la Segunda Guerra Mundial utilizado durante la guerra de Vietnam y el bloqueo de Cuba— y una colección de aviones, como el *Concorde* y el *Enterprise*, el primer **transbordador espacial de la NASA** (en el Space Shuttle Pavilion).

63

East Midtown★

Distrito de negocios, la parte oriental de Midtown se desarrolló al mismo tiempo que su vecino occidental. La presencia de la Grand Central Terminal la convirtió en un eje en torno al cual se construyeron edificios de oficinas. La proximidad de la Quinta Avenida atrajo hoteles de lujo y establecimientos de prestigio como la Morgan Library y la sede de las Naciones Unidas. Pero el rascacielos de cristal y acero SUMMIT One Vanderbilt, adyacente a la Grand Central Terminal, está cambiando todo eso. Su fabuloso observatorio panorámico ofrece una experiencia visual y sensorial impresionante.

▶ **Acceso:** para la sede de la ONU y Grand Central, toma la **línea 42 de autobús**. En metro: **Grand Central Terminal**.
Mapa extraíble CD5.
▶ **Consejo:** para tomar magníficas fotos del Chrysler Building, utiliza un teleobjetivo y dirígete a la 3ª Avenida, entre las calles 42 y 44. Para admirar los detalles de su arquitectura, lleva prismáticos. El SUMMIT One Vanderbilt también permite ver de cerca su aguja.

Murray Hill★

CD5 Entre el 30th y el 40th St., la parte sur de East Midtown debe su nombre a Robert Murray, un comerciante inglés que construyó aquí su casa de campo. Durante mucho tiempo, el lugar permaneció como un barrio tranquilo, ocupado por casas de clase media y los establos de los palacios de la Quinta Avenida. Hoy, las mansiones han dado paso a los grandes almacenes, y los establos a edificios residenciales.

Morgan Library★★

C5 *225 Madison Ave. - ✆ 212 685 0008 - www.themorgan.org - todos los días excepto lu. de 10:30 a 17:00 h, vi. 19:00 h 25 $. Calcula de 1:00 a 1:30 h.* En el siglo XIX, uno de los hombres más ricos de Nueva York, **John Pierpont Morgan** (1837-1913), construyó una lujosa mansión neoclásica en Murray Hill. En 1924, su hijo cumplió el deseo de su padre transformando las colecciones privadas de la familia (incunables y manuscritos raros) en una institución pública. Desde entonces se ha enriquecido con donaciones y adquisiciones. Los locales actuales, renovados y ampliados por Renzo Piano, albergan tanto la casa del padre como la del hijo. La colección de **manuscritos de música** y **literatura** es riquísima: partituras de Mozart, Beethoven, Brahms, Chopin, Verdi y otros, sin olvidar a compositores modernos como Schoenberg y Cage; manuscritos literarios, cartas y notas de Galileo, Milton, Edgar Poe, Byron, Charles Dickens, Mark Twain, Thoreau, Oscar Wilde, John Steinbeck, Ernest Hemingway y Jane Austen. Uno de los tres ejemplares conocidos de la Biblia de Gutenberg se conserva cuidadosamente en la majestuosa sala este. También se exponen libros con encuadernaciones cuajadas de joyas y manuscritos muy raros, el más antiguo de los cuales data del siglo VII. En el estudio de Morgan se exhiben objetos sagrados y pinturas: *Madonna* de Perugino, *Retrato de un hombre* de Tintoretto, *Retratos de Martín Lutero y su esposa* de Lucas Cranach el Viejo, numerosos dibujos de Miguel Ángel, Leonardo da Vinci, Durero, Rembrandt, Watteau, así como de Goya, Ingres, Degas y Van Gogh.

Grand Central Terminal ★★

C5 *Angle Park Ave. South y 42ⁿᵈ St. - www.grandcentralterminal.com - ♿ - folleto-guía disponible en el quiosco central - audioguía en español con plano en las taquillas indicando GCT Tour (de 11:00 a 12:30 h y de 15:00 a 16:30 h).*

En 1871, **Cornelius Vanderbilt**, magnate de los ferrocarriles, construyó una primera estación que fue reemplazada por el edificio actual en 1913. Sobre los terrenos se construyeron las Park y Madison Avenues. En lugar de los edificios negros de hollín, se levantaron residencias, hoteles de alta gama y, más tarde, rascacielos, dando al barrio una buena variedad de arquitectura del siglo XX.

En aquella época, el trazado de la **estación** era revolucionario, con un acceso a través de las vías al que también se podía llegar desde el metro. En su apogeo, en 1947, se estimaba que 65 millones de pasajeros pasaban por la estación cada año. Declarada de interés histórico en 1978 y magníficamente renovada en 1998, en la actualidad gestiona el tráfico regional.

Su imponente fachada de estilo Beaux-Arts presenta un reloj rodeado por Mercurio, Minerva y Hércules. La **sala de los pasos perdidos**, de doce pisos de altura, está coronada por una **bóveda** pintada y electrificada que representa las constelaciones celestes (representadas al revés; ¡el oeste es el este!). Unas imponentes escaleras conducen a los balcones. El pequeño y reluciente quiosco central es uno de los lugares de encuentro legendarios de la ciudad.

Chrysler Building ★★★

D5 *Esquina 42ⁿᵈ St. y Lexington Ave.*

No es el más alto ni el mejor situado de los rascacielos neoyorquinos, pero es sin duda el más bello. Su finura, su elegancia y su delicada aguja son incomparables. Erigido en 1930 a petición del fabricante de automóviles **Walter Chrysler**, el Chrysler Building fue idea del arquitecto **William Van Alen**, que quería construir el edificio más alto del mundo (319 m, setenta y siete plantas). El récord no duró mucho, ya que al año siguiente fue superado por el Empire State Building. Su originalidad reside en el uso del acero como revestimiento exterior, que acentúa el juego de luces sobre su estructura y realza su esbelta silueta. Con sus nichos, el uso de gárgolas en forma de cabeza de águila (que recuerdan los adornos del capó de Chrysler), la alternancia de líneas redondeadas y triángulos, y la parte superior (que recuerda a los cromados de los coches), es uno de los ejemplos más espectaculares de la arquitectura Art Déco. En el interior, el **vestíbulo** es igual de impresionante: mármol rojo, frisos geométricos, un motivo de águila y un fresco en el techo sobre la temática del transporte y la industria.

SUMMIT One Vanderbilt★★★

C5 *Acceso por el vestíbulo de Grand Central o en 45 East 42nd St., esquina con Vanderbilt Ave; baja al sótano y sigue las indicaciones - www. summitov.com - de 9:00 a 0:00 h - cerrado ma.; horario sujeto a cambios sin previo aviso, infórmate - desde 43 $, ascensor supletorio 20 $ - reserva obligatoria online, no se expide billete a la entrada. Una vez allí te facilitan zapatillas y gafas de sol. Prohibidas las fotos con trípode, los zapatos de tacón y chanclas. Calcula unas 2 h.*
☺ Tómate tu tiempo en cada nivel, porque una vez arriba ya no hay vuelta atrás. La puesta de sol es muy popular (¡y más cara!). Se aconseja no llevar vestidos ni faldas, para evitar los efectos espejo, un poco molestos... La sublime torre de cristal y acero One Vanderbilt (2019) se eleva a 427 m — incluida la aguja— y es, por tanto, en el cuarto edificio más alto de la ciudad. Su plataforma de observación panorámica, SUMMIT One Vanderbilt, que ha abierto al público a finales de 2021, difiere en muchos aspectos de los otros cuatro miradores y ha causado sensación desde su inauguración. La **panorámica**★★★ sobre todo Manhattan es la más completa y despejada, y por tanto espectacular, y los espacios diseñados por el artista digital **Kenzo Digital**

Immersive crean una extraordinaria experiencia multisensorial. En 43 seg., el ascensor sube 335 m hasta la planta 91. El primer nivel se abre al gran vestíbulo principal, todo paredes de cristal, ventanas panorámicas y gigantescos espejos que reflejan el cielo, los ríos y los edificios desde el momento en que se entra. Es como caminar sobre las nubes o en el vacío, lo que hace temblar a los propensos al vértigo. El Chrysler está muy cerca. Un poco más allá, la **Affinity Room** hace las delicias de los Instagramers con sus globos de espejos llenos de helio que levitan, reverberando el horizonte de Nueva York. En el segundo nivel, los más aventureros pueden posar en los bloques de cristal suspendidos sobre el vacío antes de un último y vertiginoso recuerdo fotográfico. En el tercero y último nivel hay un bar-cafetería de calidad (buenos cócteles), una terraza al aire libre y finalmente el acceso al **Ascenso** con ascensores exteriores totalmente transparentes que te llevarán hasta el punto más alto del edificio, a 365 m, a lo largo de la fachada. No te vayas sin visitar el 92º y 93º piso ¡las vistas son únicas!

United Nations Headquarters (ONU)★★

D5 *A orillas del East River, entre las 42nd y 48th Sts, entrada para las visitas por la 46th Street y 1st Avenue - ☏ 212 963 8687/4440 - www.un.org/visit - visita guiada (1 h): infórmate (llega 30 min antes del inicio de la visita para los controles de seguridad, documento de identidad obligatorio) -26 $ (prohibido el acceso a niños menores de 5 años) - reservar obligatoriamente online.*

66

emin kuliyev/Shutterstock

El Chrysler Building

Creada el 24 de octubre de 1945, la ONU es una organización internacional de Estados cuyo objetivo es mantener la paz en el mundo. La decisión de construir su sede en Nueva York se tomó en la primera Asamblea General, en 1946. Los terrenos destinados al proyecto, adquiridos gracias a una donación de John D. Rockefeller Jr, gozan de un estatus especial fuera de la jurisdicción estadounidense.

Se accede al lugar a través de una explanada decorada con dos esculturas simbólicas: *Non-Violence,* un revólver con el cañón anudado (Carl Fredrik Reuterswärd, 1988), y *Sphere within a Sphere* (Arnaldo Pomodoro, 1996). A la derecha, el **General Assembly Building** (1952), con su fachada curva, alberga la sala de la Asamblea General, donde se reúnen los delegados de los países miembros. A la derecha, el **Conference Building** que alberga las salas de reuniones. Aquí se reúne el Consejo de Seguridad, con sus quince Estados miembros, de los cuales solo cinco son permanentes (Estados Unidos, China, Rusia, Francia y Reino Unido). El edificio más famoso es el rascacielos de cristal gris azulado que domina el complejo: el **Secretariat Building** (1950). Como su nombre indica, alberga las oficinas del Secretario General y todos sus departamentos.

Tudor City ★

D5 Diseñado para las clases medias por el promotor Fred F. French, el complejo pretendía crear una auténtica ciudad dentro de la ciudad, con sus 3 000 pisos, hoteles, tiendas y zonas verdes. Terminados en 1928, los doce edificios de ladrillo, con su flamante decoración gótica de pináculos adornados con remates, evocan el estilo Tudor inglés. Curiosamente, los edificios del lado este tienen muy pocas ventanas porque en la época en que se construyeron la actual explanada de las Naciones Unidas era una zona industrial.

Desde el **Tudor City Place** que se extiende por la 42nd Street *(acceso a través de algunos escalones desde 42nd y 43rd St.)* descubrirás una **vista★** de los rascacielos de esta emblemática calle neoyorquina.

Saint Patrick's Cathedral ★★

D5 *5th Ave, entre 50th y 51st St. - www. saintpatrickscathedral.org.* Encajada entre altos edificios, esta iglesia, que fue una de las primeras grandes iglesias neogóticas de Estados Unidos, parece extrañamente pequeña. Sin embargo, sus torres se elevan más de 100 m.

Inspirada en la catedral de Colonia, fue diseñada por el arquitecto **Renwick** (◉ *pág. 44*) en 1879. Frente al edificio, delante del Rockefeller Center, se alza la estatua de bronce de **Atlas** llevando el mundo sobre sus hombros (Lee Lawrie, 1937).

Paley Park ★ y Greenacre Park ★

D4-5 *Sal de la 5ª Ave. hacia el este*: *Paley Park se encuentra junto a la E. 53rd St., entre la 5a Ave. y Madison; Greenacre Park está sobre la 51st St. entre las 3rd y 2nd Aves.* Estos *pocket parks* (parques de proximidad) ofrecen una escapada temporal del ajetreo de la Gran Manzana.

Lugar de meditación y descanso, **Greenacre Park** reúne a turistas y trabajadores que disfrutan de su pausa para comer: sentados en sillas esparcidas entre las flores y los arbustos, es fácil dejarse arrullar por el canto de los pájaros y el sonido del agua que brota de una cascada artificial, rodeada de muros de hiedra. Más cerca de la Quinta Avenida, pero un poco menos encantador que Greenacre Park a pesar de compartir muchas de sus características (muro de agua, mesas y sillas, parterres), **Paley Park** destaca sobre todo por sus fragmentos del Muro de Berlín.

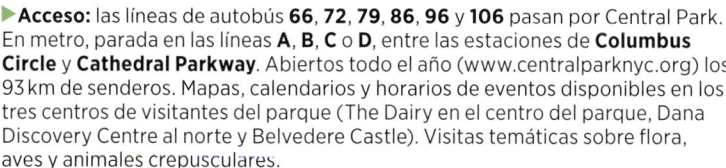

Central Park★★★

¿Qué fue de las sirenas, las placas y las desvencijadas escaleras de incendios? Central Park abre su inmensa ventana verde, como una vasta campiña plantada en el corazón de la ciudad. A su alrededor, los rascacielos parecen casi modestos a pesar de sus vertiginosas alturas y sus sofisticadas siluetas. Bajo los altos árboles, el zumbido de la ciudad se desvanece y, sin embargo, Nueva York sigue ahí.

▶ **Acceso:** las líneas de autobús **66**, **72**, **79**, **86**, **96** y **106** pasan por Central Park. En metro, parada en las líneas **A**, **B**, **C** o **D**, entre las estaciones de **Columbus Circle** y **Cathedral Parkway**. Abiertos todo el año (www.centralparknyc.org) los 93 km de senderos. Mapas, calendarios y horarios de eventos disponibles en los tres centros de visitantes del parque (The Dairy en el centro del parque, Dana Discovery Centre al norte y Belvedere Castle). Visitas temáticas sobre flora, aves y animales crepusculares.
Mapa extraíble CD4, D3, E2.
▶ **Consejo:** puedes llegar por el sur y salir por el norte (y viceversa), visitando de paso algunos de los museos del **Museum Mile★★★** (*pág. 72*). Aprovecha también para hacer un picnic.

En el siglo XVIII, la parte norte de Manhattan estaba ocupada por granjas y las residencias de verano de algunos ricos. A medida que avanzaba la urbanización, los ciudadanos adinerados decidieron vivir todo el año en sus mansiones. Pero la parte central de la zona no era más que una nauseabunda extensión de marisma, salpicada de rocas gigantes y ocupada por pobres y marginados. Fue gracias a **William Cullen Bryant**, hombre de letras y editor del *New York Evening Post*, que en 1850 lanzó una vigorosa campaña de prensa con vistas a crear un parque comparable a los grandes espacios verdes europeos.
Dieciséis años después de que se pusiera el primer tepe, Central Park estaba terminado (1873). Obra de los arquitectos paisajistas **Frederick Olmsted** y **Calvert Vaux**, que querían convertirlo en una serie de espacios dedicados a una naturaleza idealizada, necesitaron 20 000 obreros, medio millón de árboles y 3 millones de m³ de tierra, importada en barcazas para rellenar las marismas y el espacio dejado por la destrucción de 300 000 t de roca. Al final, ¡el parque costó a Estados Unidos el doble de lo que costaría comprar Alaska!
Con sus 341 ha, Central Park es el **pulmón verde de Nueva York**. Es un lugar donde se puede descansar de la ciudad sin salir realmente de ella, porque la corona de rascacielos es muy visible. En el plano cultural y festivo, es un lugar

importante, en el corazón de todos los grandes acontecimientos. Tras un período de desprestigio hasta los años 80, el parque ha recuperado su función recreativa como lugar para familias, amantes de la naturaleza, aficionados al deporte y turistas. Cerca de 40 millones de personas visitan el parque cada año.

Wildlife Center (Central Park Zoo)

D4 *64th St. y 5th Ave. - ✆ 212 439 6500 - www.centralparkzoo.com - ♿ - de abril a noviembre de 10:00 a 17:00 h, fines de semana y festivos hasta las 17:30 h; resto del año hasta las 16:30 h - 20 $ incluyendo 4-D Theater y Tisch Children's Zoo - reserva obligatoria.* ☺ Sección infantil: Tisch Children's Zoo, con la posibilidad de dar de comer a los animales.

Encima del arco de entrada, el **Delacorte Clock** da la hora mediante figuras animadas de animales. El zoo alberga más de 450 animales, divididos en tres climas principales (templado, tropical y polar).

Bethesda Fountain Terrace★

D3-4 The Mall, majestuosa avenida sombreada por gigantescos olmos, está custodiada al sur por la estatua de Shakespeare. A su izquierda se extiende el **Sheep Meadow**, donde los amantes de los picnics y los lanzadores de frisbee han sustituido a las ovejas (el antiguo aprisco situado al oeste se ha convertido en un restaurante, la Tavern on the Green). The Mall conduce a la **Bethesda Fountain Terrace★**, una elegante explanada donde se reunían los hippies en el apogeo de la contracultura. Considerada la pieza central del parque, esta bonita terraza de arenisca se asemeja a un patio español, con sus escalones y su fuente central adornada con una estatua.

The Lake★★

D3 La Bethesda Fountain Terrace linda con el lago de Central Park, cuya forma irregular está dominada por la empinada colina **Ramble Hill**, surcada por senderos frecuentados por observadores de aves. Al oeste, el jardín conmemorativo **Strawberry Fields** debe su nombre a la canción de John Lennon, asesinado a los pies del edificio Dakota, que linda con el parque en este punto. Bordeando el lago por la derecha, se llega al **Loeb Boathouse**, donde se pueden alquilar barcas y disfrutar de una refrescante comida o bebida. El elegante puente metálico **BowBridge★★** cruza el lago hacia el norte.

Jacqueline Kennedy Onassis Reservoir★

DE3 Más al norte se encuentra el Jacqueline Kennedy Onassis Reservoir, un lugar mítico para los amantes del *footing* (Dustin Hoffman lo recorre en *Marathon Man*). Al pasar, fíjate en la **aguja de Cleopatra** cuyos jeroglíficos (traducidos) cuentan la historia de Tutmosis III (siglo xv a. C.). Fue donado a la ciudad de Nueva York por el jedive Ismail Pasha (transportado a Estados Unidos en 1880).

Upper East Side★★ y Museum Mile★★★

Es el barrio más chic y caro de Manhattan. La Quinta Avenida y las calles perpendiculares a ella están repletas de pisos de lujo. Delante de magníficas mansiones, los porteros dan la bienvenida a las mujeres elegantes que regresan de sus compras. Por todas partes, los museos alojados en imponentes mansiones heredadas de la Gilded Age proclaman la pasión por la cultura y la generosidad de los mecenas.

▶ **Acceso:** en metro, para en las estaciones de las líneas **4**, **5** y **6** situadas entre las **63rd** y **110th Streets**. En autobús, líneas **1** a **4**, **66**, **72**, **79**, **86**, **96**, **98**, **101** a **103**.
Mapa extraíble DE4, DF3, E2.
▶ **Consejo:** para aprovechar la entrada gratuita, visita el Guggenheim los sá. al final del día y la Frick Collection los ju. por la tarde. Después de los museos, termina de compras en Madison Avenue.

Museum Mile★★★

Así se llama el tramo de la Quinta Avenida que bordea Central Park. Aquí es donde los multimillonarios construyeron las mansiones más espléndidas de la ciudad, muchas de las cuales donaron a fundaciones a principios del siglo XX. Como resultado, este corto tramo de avenida cuenta con una de las mejores concentraciones de museos del mundo, así como con las mansiones más exclusivas de Nueva York —Beaux— Arts o Queen Anne (ⓖ *págs. 159 y 160)* — y prestigiosos edificios coronados por opulentas marquesinas. Desde la **Grand Army Plaza**, dominada por la **fuente Pulitzer** (1915) y la estatua ecuestre del general Sherman (1903), se divisa el **General Motors Building**, el **Plaza** (1907) y el

hotel Pierre, que sigue albergando a la élite internacional. El prestigioso Knickerbocker Club (1870, n.º 810) está reservado a los descendientes de los pioneros holandeses. La **New India House** (1903, *n.º 3 de la 64th St.*), de estilo Beaux-Arts, alberga el Consulado de la India. La **Harkness House** (1900, *75th St.*), una especie de palacio italiano, es la sede del Commonwealth Fund, una asociación filantrópica. La James Duke House *(78th St.)*, edificio neoclásico inspirado en un castillo de estilo Luis XVI de Burdeos, alberga el **New York Institute of Fine Arts**. Los servicios culturales y de prensa del Consulado de Francia se alojan en la antigua residencia Beaux-Arts de Payne Whitney (1906, *nº972 de la 5ª avenida)*. El **Ukrainian Institute of America**, un impresionante castillo de estilo

supatpismai-grazioso/Getty Images Plus

La estatua del general Sherman en Grand Army Plaza.

renacentista francés (1897, *79th St.*), se encuentra en la casa de los Stuyvesant, descendientes del primer gobernador de Nueva York. La **Goethe House** (1957, *nº 1014 entre las 82nd y 83rd Sts.*) es una residencia Beaux-Arts dedicada a la cultura alemana.

Temple Emanu-El ★
D4 *1 East 65th St. - ☎ 212 744 1400 - www.emanuelnyc.org - temple ma. mi. de 10:00 a 11:30 h, museo de do. a ju. de 10:00 a 16:00 h - horarios sujetos a cambios, consultar por teléfono.*
Con capacidad para 2 500 fieles, esta sinagoga romano-morisco-bizantina (1929) es una de las más grandes del mundo. Su majestuosa nave está cubierta de mosaicos con motivos orientales. Un arco sagrado contiene los rollos de la Torá. Un pequeño **museo** alberga una colección de objetos litúrgicos y acoge exposiciones temporales.

The Frick Collection ★★★
D4 *1 East 70th St. - ☎ 212 288 0700 - www.frick.org - ♿ - reapertura a finales de 2024.*
Tras varios años de obras de renovación y ampliación, y un traslado temporal de sus obras maestras al Breuer Building de Madison Avenue, «La Frick» vuelve a su emplazamiento original, con nuevos espacios de exposición.
Con su delicado patio, este pequeño y encantador museo es una introducción ideal a la pintura clásica. Magnate del acero, el millonario **Henry Frick**

(1849-1919) encargó a Carrere & Hastings la construcción de una prestigiosa mansión neoclásica cerca de Central Park (1913). Entusiasta del arte, expuso allí algunas de las magníficas colecciones que había adquirido en Europa, y a su muerte legó la mansión y sus obras a un patronato, que la convirtió en museo en 1935. La **Boucher Room** y la **Anteroom** recrean un tocador del siglo XVIII decorado con pinturas de François Boucher (1752). El mobiliario incluye un escritorio plano de caoba de Riesener (siglo XVIII), porcelana de Sèvres y una alfombra india (siglo XVI). En la antesala se encuentra el retrato más antiguo de Hans Memling. El **Dining Room** está decorado con cuadros ingleses de Hogarth, Romney, Reynolds, Gainsborough y James Park. En el **West Vestibule** se exponen *Las cuatro estaciones* (1775) de Boucher y un escritorio de Charles Boulle. Once cuadros de Fragonard *(El progreso del amor)* se exponen en la **Fragonard Room**, junto con magníficos muebles de la Escuela de París, porcelana de Sèvres y un busto de mármol de la condesa du Cayla, obra de Houdon. En el **South Hall** se exponen tres de los treinta y siete cuadros conocidos de Vermeer: *Militar y muchacha riendo* (c. 1658), *La lección de música interrumpida* (c. 1660) y *Dama con criada y carta* (c. 1666). El **Living Hall** está repleto de grandes obras: *San Francisco* de Bellini, *Retrato de un hombre con sombrero rojo* de Tiziano, dos retratos de Holbein el Joven y *San Jerónimo* de El Greco. En la **Library** se exponen algunos pequeños formatos de la escuela inglesa. El **North Hall**

alberga el famoso retrato de *La Condesa de Haussonville* de Ingres, la *Puerta de Valenciennes* de Watteau, un Degas, un Monet y un busto de Houdon. La mayor sala del museo, la **West Gallery**, decorada con muebles italianos del siglo XVI, está adornada con obras de las escuelas de pintura italiana, holandesa, española, inglesa y francesa: Bronzino, Veronese, Van Dyck, Hobbema, Van Ruysdael y Frans Hals, de La Tour, El Greco, Rembrandt, Goya, Velázquez y Turner. La **Enamel Room** presenta una colección de esmaltes pintados de la escuela de Limoges de los siglos XVI y XVII, así como obras italianas y renacentistas tempranas. La **Oval Room** alberga una rara réplica en terracota de *Diana cazadora* de Houdon.

La **East Gallery** presenta obras de gran calidad de Claude le Lorrain, David, Greuze, Goya, Gainsborough, Van Dyck y Van Ruysdael. En la **Garden Court**, podrás admirar la *Corrida* de Manet y una marina de Whistler.

Breuer Building / Sotheby's

D4 *945 Madison Ave. (esquina con E 75th St.).*
Tras albergar el Whitney Museum, luego brevemente la colección de arte contemporáneo del Met y, por último, parte de la Frick Collection (mientras se realizaban las obras de ampliación de su mansión), este edificio brutalista de granito y hormigón, diseñado en 1966 por el arquitecto húngaro **Marcel Breuer**, ha pasado a manos de Sotheby's, la famosa casa de subastas de arte, que tiene previsto abrir al público sus galerías de exposición a partir de 2025.

Asia Society and Museum★★

D4 *725 Park Ave. (esquina 70th St.) - ☎ 212 288 6400 - www.asiasociety.org - ♿ -ma. a do. de 11:00 a 17:00 h - 15 $.* Fundado por **John D. Rockefeller III** (1956), este espacio es a la vez un museo y un centro cultural que explora el arte y la creación, así como la relación entre Occidente y Oriente. **Las colecciones★★**, magníficamente expuestas, abarcan todo el subcontinente indio, el Himalaya, el sudeste asiático, China, Corea y Japón. Destaca la **arquitectura★** del edificio, con su **escalera** de acero y cristal azul que une los niveles.

Metropolitan Museum of Art (Met)★★★

D3 *5th Ave. (frente a East 82nd St.) - ☎ 212 535 7710 - www.metmuseum.org - de 10:00 a 17:00 h, vi. y sá. hasta las 21:00 h; cerrado mi. - 30 $, billete válido en el mismo día para The Met Cloisters (☞ pág. 95). Calcula unas 3:00 h. Visitas guiadas a las obras maestras a las 12:15 h los días laborables, arte moderno a las 4:15 h los ma.* Este legendario museo, uno de los más grandes del mundo, se alza en la Quinta Avenida, enmarcado por pesadas columnas y enclavado en Central Park. Sus gigantescas colecciones, magníficamente expuestas en salas que coinciden con el período o el tema de la sección, abarcan desde antigüedades sumerias hasta arte del siglo xx. El museo, que debe su existencia a numerosos legados y donaciones de ricos mecenas, fue fundado en 1870. Su fachada de estilo Beaux-Arts data de 1902, pero las alas norte y sur datan de 1911 y 1913. Le han seguido otras adiciones, como el Pabellón Lehman (1975), el Ala Sackler (1978), cuyo nombre fue controvertido tras el escándalo de los opiáceos, el Patio Petrie (1990), las galerías griega y romana (2007) y las galerías de Oceanía.

En la entrada, coge el programa actual y el plano, indispensable para orientarse en este laberinto de salas. La página web del Met también indica qué salas están cerradas temporalmente (siempre hay alguna, por turnos).

Antigüedades griegas y romanas★★

First floor (planta baja), salas 150-172, y second floor (1er piso), salas 173-176. Estas salas exploran las raíces del arte occidental, desde la época griega hasta el final del Imperio Romano. La historia del arte griego se traza desde el **período geométrico** (siglo VIII a. C.) hasta el **período helenístico** (III-II a. C.) pasando por el arcaico y clásico. No se olvida la civilización romana, con la refinada reconstrucción de una sala decorada con magníficos frescos (del siglo I a. C.).

Arte de África, América y Oceanía★★★

First floor (planta baja), salas 350-359 - reapertura tras renovación en 2025. **Nelson Rockefeller** donó parte de estas colecciones en memoria de su hijo Michael, fallecido en 1961 durante una expedición a Nueva Guinea. **Arte africano** - Descubre el arte ritual de las grandes tribus de África.

Máscaras y estatuas constituyen la mayor parte de la colección.

Arte de América - El mobiliario expuesto evoca diversas civilizaciones de México, Perú, Colombia y Ecuador. No te pierdas el **Jan Mitchell Treasury**, una increíble colección de oro precolombino (siglos I al XVI). Te fascinarán los suntuosos cuchillos ceremoniales de oro y turquesa, las máscaras funerarias, como la de Sicán (Perú, s. X-XI), timbales de oro martillado, figurillas, joyas, etc.

Arte de Oceanía - Mucho más sencillas, las estatuillas de Oceanía inspiraron sin duda las siluetas pintadas por Matisse y Picasso. Espectacular techo ceremonial en una casa kwoma.

Arte moderno★★★

First (salas 900-926) y second (salas 917-925) floors, entresuelo. Pintura americana de los años 20 representada por Edward Hopper, Georgia O'Keeffe, Stuart Davis, Charles Sheeler, Arthur Dove, Marsden Hartley, Clyfford Still, Mark Rothko, Franz Kline, Willem De Kooning, Jackson Pollock, Paul Klee y las estrellas del arte pop Andy Warhol y Roy Lichtenstein. El arte moderno internacional gira en torno a grandes figuras como Picasso: *Arlequín* (1901), *El Actor* (1904-1905), *Desnudo sentado* (1967). Admira a Matisse y su *Joven marinero* (1906), Balthus y *La Montaña* (1937) o Giacometti, con estatuillas y pinturas. Podemos ver los inicios ingenuos de Joan Miró, Dubuffet y su *Rue de Paris et piétons* (1944), así como de Yves Tanguy, Max Ernst, Dalí y pinturas de Bonnard y Derain. La azotea acoge exposiciones de escultura monumental.

Artes decorativas y escultura europea★★

First floor (planta baja), salas 500-556. El período cubierto por las **esculturas** abarca desde el Renacimiento hasta principios del siglo XX. Entre las joyas expuestas se encuentran obras de Houdon, Rodin y numerosos escultores italianos. En las colecciones de bellas **artes decorativas**, no te pierdas las **Period Rooms**, magníficas reconstrucciones escenificadas de interiores como: el *studiolo* (gabinete) de marquetería del palacio ducal de Gubbio (s. XV), o el suntuoso dormitorio tallado en madera del palacio Sagredo de Venecia (s. XVIII).

Arte medieval★★★

First floor (planta baja), salas 370-379. Este enorme complejo, organizado en torno a una sala central donde se levanta el **coro de la catedral de Valladolid**, expone más de 1400 obras de arte, desde la caída del Imperio Romano hasta el Renacimiento (⊙ *The Met Cloisters, pág. 95*). Abarca las principales tendencias del arte medieval, desde Bizancio y su influencia hasta los estilos flamenco, inglés, alemán, italiano y francés. Entre las piezas más destacadas se encuentran las asombrosas **cuentas de rosario★★** de marfil o madera talladas con delicadas escenas religiosas, los **estuches de esmalte con bisel★★★** (Limoges, s. XII-XIII), el excepcional **retablo★★★** de hueso y cuerno que narra las vidas de Jesús, Juan el Bautista y Juan el Evangelista (norte de Italia, 1390-1400), y los retablos pintados de los s.XV y XVI. La platería sagrada incluye

relicarios★★, **cruces de procesión★★** y objetos de culto.

Collection Robert Lehman★★

First floor (planta baja), salas 950-963. Este financiero había insistido ante el Met en que su colección y la de su hijo —muebles, pinturas y esculturas desde el Renacimiento hasta principios del siglo xx— se conservara en el primer piso y se expusiera en su totalidad y separada del resto del museo. Las obras se exponen en salas que recuerdan las de las casas de los donantes: primitivos italiano, entre ellos un magnífico *Nacimiento* (1409) de Lorenzo Monaco y una *Anunciación* (1485) de Botticelli; pintores holandeses, con una *Anunciación* de Hans Memling; varios impresionistas franceses, como *Muchachas al piano* (1892) de Renoir.

Ala americana★★★

First (salas 700-774) y second (703-772) floor, entresuelo. Pintores estadounidenses nacidos antes de 1876 (excepto el Grupo de los Ocho). **Artes decorativas estadounidenses** - También en este caso, una serie de reconstrucciones de habitaciones amuebladas ilustran (entre otras cosas) la evolución de los estilos y las influencias europeas a lo largo del xix (William and Mary, Queen Anne, Chippendale, Arts and Crafts).

El Metropolitan Museum of Arts.

El **estilo Praire**, típicamente americano, queda ilustrado por la famosa **Little House** (Wayzata, Minnesota, 1912-1914), cuyo salón fue decorado por Frank Lloyd Wright. Detente en **Engelhard Court** para admirar las vidrieras de Tiffany.

Pintura y escultura - La pintura alcanzó su máximo esplendor durante el **período colonial** con retratos o escenas heroicas. De la **escuela de Hudson** destacan tres obras: la *Mount Holyoke después de una tormenta* (1835) de Thomas Cole, *Comerciantes de pieles descendiendo por Missouri* (1845) de George C. Bingham y *Las Montañas rocosas, el pico Landers* (1863), de Albert Bierstadt. Las obras de los **postimpresionistas** James Mc Neil Whistler (1834-1903), John Singer-Sargent (1856-1925), incluido su famoso retrato de *Madame X* (Virginie Gautreau) y Mary Cassatt (1844-1926). La **escultura** está representada, entre otros, por *El Hombre de la montaña* de Frederic Remington.

Antigüedades egipcias★★

First floor (planta baja), salas 100-138. Esta colección está considerada como una de las más ricas del mundo fuera de Egipto. Los objetos se presentan cronológicamente, desde el período predinástico (desde el 5000 a. C.) hasta el final de las dinastías egipcias y el período antiguo (700 d. C.). Destacan la **capilla de la tumba de Perneb**★ (2450 a. C.), la silla de Renyseneb★★ (1450 a. C.) y los ataúdes, incluido el **sarcófago de Harkhebia**★. En tiempos más recientes, el **templo de Dendur**★ (c. 15 a. C.), dedicado a la diosa Isis,

se salvó cuando se construyó la presa de Asuán y se donó a Estados Unidos en 1965.

Antigüedades de Oriente Próximo

Second floor (1er piso), salas 400-406, reapertura en 2026 con una nueva escenografía. Esta sección abarca una vasta zona, desde Turquía hasta Afganistán, pasando por las montañas del Cáucaso hasta el norte de la Península Arábiga. Las antigüedades datan del 8000 a. C. al 651 d. C.

El arte islámico★★

Second floor (1er piso,) salas 450-464. La colección más completa del mundo comienza al principio de la fundación del Islam, en el s. VII y llega hasta el siglo pasado. Hermosa caligrafía junto a maravillosas miniaturas, cerámicas, mosaicos, joyas, tejidos y alfombras, todo ello en un entorno árabe.

Pintura y escultura europeas en el siglo XIX y principios del siglo XX★★★

Second floor (1ªplanta), salas 800-830. ¡Ningún otro museo del mundo contiene tal profusión de grandes artistas y obras universalmente famosas!

El impresionismo sigue siendo uno de los movimientos mejor representados, con Renoir, Monet, Manet, Corot y Degas. Las obras de **Degas** tratan sus temas favoritos: mujeres en el baño, bailarinas y caballos. Entre los lienzos **postimpresionistas** destacan *Cipreses* (1890) y *La Berceuse* (1888-1889), de Van Gogh; *Circus Sideshow* (1888) de Seurat; *Los bañistas* (1874-1875) y *Los jugadores de cartas* (1890), de Paul

Cézanne, y *Mujer con loro* (1866), de Courbet.

Pintura europea★★★

Second floor (1ª planta), salas 600-644.
Una nueva escenografía pone de relieve las escuelas europeas desde la Edad Media hasta el siglo XVIII. Entre las obras maestras de **las escuelas italianas**, busca la *Epifanía* (1320) de Giotto, el *Retrato de una mujer con un hombre en una ventana* (1440) de Filippo Lippi y la *Última comunión de San Jerónimo* (1490) de Botticelli. También merece la pena ver *Los músicos* (1595), de Caravaggio, y cuadros de Rafael, Tiziano y Tiépolo. La **escuela española** está representada por cuadros tan llamativos como *Vista de Toledo* (1595), de El Greco, y el retrato de *Manuel Osorio Manrique de Zúñiga* (1790), de Goya. Las **escuelas del norte** incluyen retratos de Hans Memling, *El Juicio Final* (1425) de Jan Van Eyck y la maravillosa *Mujer con una jarra de agua* (1662) de Vermeer. *La* **escuela francesa** incluye *La Buenaventura* (1630) de Georges de La Tour, *El rapto de las Sabinas* (1633-1634) de Poussin y el *Mezzetin* o (1718-1720) de Watteau.

Arte asiático★★★

Second y third floor (1ª y 2ª plantas), salas 200-253.
Arte chino - Además de una recreación de un patio-jardín de la dinastía Ming (**Astor Court**), el museo presenta una gran variedad de arte funerario chino, cerámicas, objetos de bronce y **pinturas★★** que abarcan un amplio período que va desde el Neolítico (III milenio a.C.) hasta nuestros días. Una parte de la exposición está dedicada al Tíbet.

Arte coreano - Se distingue por sus vasijas y utensilios de **cerámica★★** y jarrones y utensilios de bronce, cerámica prehistórica y bellos **cofres★**, cajas con incrustaciones y lacados.
Arte japonés - Verás una serie de **biombos ★★**, paneles pintados, **grabados del siglo** XVIII-XIX**★★**, refinados cofres y una colección de **netsukes★**.
Sudeste Asiático - Estas salas presentan todo el panteón de deidades hindúes, esculturas jemeres incluidas.

Neue Galerie★

E3 *1048 5th Ave. (entre 82nd y 83rd Sts) - 𝄞 212 628 6200 - www.neuegalerie. org - d -todos los días excepto ma. y mi. de 11:00 a 18:00 h - 28 $- prohibido a menores de 12 años, de 12 a 16 años acompañados de un adulto. Calcula 1:00 h.*
Desde 2001, este hotel Beaux-Arts propiedad de la familia Vanderbilt alberga las colecciones de arte alemán y austriaco del industrial de cosméticos **Ronald Lauder** y del marchante de arte **Serge Sabarsky**: obras de Egon Schiele, **Gustav Klimt** (entre ellas el precioso *Retrato de Adele Bloch-Bauer*, 1907), Oskar Kokoschka, Vassily Kandinsky, Paul Klee, George Grosz; muebles y arte decorativo de la escuela Wiener Werkstätte.

Solomon R. Guggenheim Museum★★

E3 *1071 5th Ave. - 𝄞 212 423 3500 - www.guggenheim.org - ♿ - de 11:00 a 18:00 h, sá. hasta las 20:00 h - 30 $.*
La Fundación Guggenheim, creada en 1937 por **Solomon R. Guggenheim**, es un conservatorio de arte contemporáneo y un modelo

de arquitectura moderna. El edificio (1956), diseñado por **Frank Lloyd Wright** y descrito por algunos como una lavadora, adopta la forma de una espiral extendida. Nada más entrar, llama la atención la famosa **ramp spiral★★** de 400 m de largo y el techo de cristal. La **Kandinsky Gallery★★★** expone una selección de unas 200 obras del artista de su colección permanente, una de las mayores del mundo. La **colección Thannhauser** —setenta y cinco pinturas impresionistas y postimpresionistas— incluye algunas de las obras más importantes del mundo, entre ellas *La Mujer planchando* de Picasso o *En el bosque de vainilla, hombre y caballo* de Gauguin. El resto del museo presenta una rotación de artistas del siglo xx, como Brancusi, Calder, Marc Chagall, Paul Klee, Robert Delaunay y Joan Miró. El museo, enriquecido con las obras dadaístas y surrealistas donadas por Peggy Guggenheim, alberga 6 000 obras.

Cooper-Hewitt Design Museum★★

E3 *2 East* 91st St. (esquina 5th *Ave.)* - ☎ 212 849 8400 - www.cooperhewitt. org - todos los días de 10:00 a 18:00 h - 22 $. Calcula de 1:00 a 1:30 h

Esta imponente mansión de sesenta y tres salas (1902) perteneció al millonario del acero **Andrew Carnegie**. El Cooper-Hewitt Design Museum, fundado en 1897 como parte de la Cooper Union, se trasladó aquí en 1976. Es el único museo estadounidense dedicado exclusivamente a las **artes decorativas** centrándose en el **diseño** a través de culturas, épocas y continentes. Tras tres años de obras

de renovación, el museo reabrió sus puertas en 2015 con un espacio expositivo ampliado y un nuevo **concepto innovador**: a la entrada, los visitantes reciben un bolígrafo interactivo y se convierten en auténticos diseñadores, capaces de interactuar con una quincena de pantallas repartidas por el museo y navegar por los objetos de la colección, incluidos los que no están expuestos en las salas. Una vez de vuelta en casa, los visitantes pueden acceder al sitio web del museo y crear su propio espacio personal para revivir su visita. A la salida, no olvides pasear por los jardines, que dan una idea de cómo vivía la *gentry* neoyorquina de la Belle Époque (la famosa *Gilded Age*).

Jewish Museum★

E3 *1109 5th Ave. (esquina 92nd St.)* - ☎ *212 423 3200 - www.thejewish museum.org -de 11:00 a 18:00 h, ju. hasta las 20:00 h, cerrado ma. y mi. - 18 $. Calcula 30 min.*

Fundado en 1904 en un bello edificio neogótico francés por un acaudalado banquero, **Felix Warburg**, este museo cuenta la historia de 4 000 años de historia judía a través de unos 28 000 objetos, entre ellos un arca de la Torá del siglo xii, magníficas encuadernaciones, tejidos, antiguos recipientes rituales y mucho más.

Museum of the City of New York★★

E2 *Esquina 5th Ave. y 103rd St.* - ☎ *212 534 1672 - www.mcny.org - de 10:00 a 17:00 h, fines de semana hasta las 18:00 h, cerrado ma. y mi. - 20 $. Calcula de 1:30 a 2:00 h*

Este hotel neogeorgiano recorre la historia, el espectacular desarrollo y los acontecimientos clave de la ciudad a través de una serie de exposiciones permanentes y temporales, con fotos llenas de vida, películas, objetos cotidianos y maquetas. La historia marítima y portuaria de la ciudad, sus primeros rascacielos, las distintas oleadas de inmigración, los movimientos sociales de los años 60 y los atentados terroristas de 2001. Expuesta solo de forma intermitente, la maravillosa **casa de muñecas**★★ (Stettheimer Dollhouse) será la delicia de los aficionados al género. Una de las pinturas en miniatura de sus paredes fue realizada por Marcel Duchamp.

El Museo del Barrio★

E2 *1230 5th Ave. (cerca de la 104th St.) - ☏ 212 831 7272 - www.elmuseo.org - de ju. a do. de 11:00 a 17:00 h - 9 $ - se recomienda reservar online.*
Este museo, creado en 1969 en el límite del barrio hispano de Harlem, **El Barrio**, está dedicado a la cultura latinoamericana y caribeña. Fomenta la creatividad de esta comunidad mostrando la obra de jóvenes artistas en exposiciones temporales. Sus colecciones precolombinas y contemporáneas rara vez se muestran al público.

Gracie Mansion★

F3 *East End Ave. (frente a la 89th St.) - www.graciemansion.org - Lu. a las 10:30, 12:00 y 13:30 h - 10 $.*
Esta encantadora mansión (1799), residencia oficial del alcalde de Nueva York, es un ejemplo perfecto del estilo federal, con sus galerías cubiertas y sus contraventanas verdes.

Bridgemarket★

DE4 *East 59th St., cerca del puente Queensboro.* Hasta los años 30, bajo los arcos de Bridgemarket, que más tarde se utilizó como almacén, había puestos de comida. Ahora, restaurado, alberga cervecerías y tiendas, entre ellas el supermercado ecológico más bonito de Nueva York: Trader Joe's

Roosevelt Island Tramway★

D4 *2nd Ave. (entre 59th y 60th St.) - www.rioc.ny.gov - de 6:00 a 2:00 h, vi. y sá. hasta las 3:30 h - cada 15 min (7:30 min en las horas punta: de 1:00 a 10:00 y de 15:00 a 20:00 h de lu. a vi.). Opera con la tarjeta MetroCard.*
Paralelo al puente Queensboro, este teleférico ofrece una vista inesperada de la ciudad. Solo se tardan unos minutos en cruzarlo, pero la máquina se eleva rápidamente por encima de la orilla, ofreciendo una gran vista de Manhattan (sobre todo al anochecer). Un paseo de 15 min. lleva al extremo sur de la pequeña isla y al monumento de granito a Franklin Roosevelt, el **Four Freedoms Park**, diseñado por el arquitecto brutalista Louis Kahn en 1970 pero construido cuarenta años después. El minimalismo del monumento y la vista panorámica de las emblemáticas torres de Midtown y Long Island City enfrente lo convierten en un lugar mágico al atardecer.

Upper West Side★★ y Morningside Heights★★

Menos chic que el Upper East Side, este distrito sigue siendo un bastión de la élite intelectual. Desde el Lincoln Center y sus prestigiosos conciertos hasta la Universidad de Columbia, aquí se ha instalado la sociedad burguesa, más liberal que su rival al este de Central Park, así como la élite artística y literaria que rehace el mundo al son del jazz, la ópera o la música exótica. Las avenidas están repletas de librerías y cafés. De jueves a domingo, pasea por los *farmer's market* del distrito y mézclate con los neoyorquinos que han venido a hacer sus compras.

▶**Acceso:** en metro, estaciones situadas entre **Columbus Circle** y **Cathedral Parkway**, en las líneas **1** a **3** y **A**, **B**, **C**. En autobús, líneas **5**, **7**, **10**, **11**, **79**, **86**, **96**, **104**, **106**.

Mapa extraíble C3-4, D1-2-3.

▶**Consejo:** empieza en Columbus Circle, camina hasta el American Museum of Natural History y luego coge el autobús a Columbia. Reserva con antelación si quieres asistir a un concierto en el Lincoln Center.

Upper West Side★★

A diferencia del resto de la ciudad, el Upper West Side se construyó desde el norte —en el emplazamiento de Nieuw Haarlem, fundado en el siglo XVII, en la actual 125th St.— hacia el sur. Pero fue la llegada de la línea aérea de ferrocarril lo que marcó su desarrollo. La creación de la Columbia University (1897) lo convirtió en un imán para la élite intelectual, los escritores, los músicos y la burguesía judía.

Columbus Circle

C4 En la esquina suroeste de Central Park, el cruce de Columbus Circle, dominado por la estatua de Cristóbal Colón (1894), marca el comienzo del Upper West Side. A la entrada del parque, el **Maine Monument** (1913) rinde homenaje a los 260 marineros del acorazado *Maine* destruido en el puerto de La Habana en 1898. El bar de la azotea del Hotel Mandarin Oriental, totalmente acristalado, ofrece una magnífica vista de la ciudad.

Museum of Arts and Design★

C4 2 Columbus Circle (frente a Central Park) - ✆ 212 299 7777 - madmuseum.org - de 10:00 a 18:00 h - cerrado lu. - 20 $.

En sus cuatro galerías, el MAD exhibe un sinfín de soberbios objetos de diseño

elegante o singular, sublimemente sobrios o rocambolescos. Hay vidrio, cerámica, interiorismo, arte contemporáneo, moda, joyería y pintura. Objetos cuyas formas y materiales (papel, plástico, madera, yeso e incluso ceniza) fascinan y confunden. En la sexta planta, tres estudios de artistas están abiertos al público.
😊 En la novena planta, el restaurante de diseño Robert es famoso por sus vistas a Central Park.

Time Warner Center

C4 El suroeste de Columbus Circle está ocupado por este imponente edificio de fachada cóncava. En su planta baja alberga un centro comercial y un conocido club de jazz, **Jazz at Lincoln Center**, y a continuación se divide en dos torres de cristal de ochenta plantas, parte de las cuales están ocupadas por las oficinas de Time Warner.

Lincoln Center ★

C4 *Broadway, entre W. 62nd y W. 66thSts - ☎ 212 875 5456 - www.lincolncenter.org.*
Este enorme complejo cultural cuenta con doce de los conjuntos artísticos más prestigiosos de Nueva York. El complejo cuenta con cinco salas, una biblioteca y espacios para representaciones. La idea de concentrar toda esta riqueza en un solo lugar se remonta a 1955. Para construir el Lincoln Center hubo que demoler 188 edificios de este barrio insalubre, que serviría de escenario a la película *West Side Story*. John D. Rockefeller III presidió el comité

de construcción. La plaza central se distribuye en base a la ópera, en la que se representan los espectáculos del **Metropolitan Opera**. A la derecha, el **David Geffen Hall** es la sede de la Filarmónica de Nueva York, que antes trabajaba en el Carnegie Hall. A la izquierda, el **David H. Koch Theater** es la sede del Nueva York City Ballet. Al otro lado de la 65th Street se encuentra la Juilliard School.

American Folk Art Museum ★★

C4 *2 Lincoln Square, Columbus Ave. (entre 65th y 66th Sts) - ☎ 212 595 9533 - www.folkartmuseum.org - de mi. a do. de 11:30 a 18:00 h - entrada gratuita.*
Un museo dedicado al arte popular desde el siglo XVIII. Además de objetos de la época colonial y de las oleadas de inmigración, hay muebles, textiles, incluidos espectaculares patchworks, veletas, pájaros señuelo, pinturas naïf y *arte outsider*.

Dakota Building

D3 *1 West 72nd St.* Frente a la entrada de los apartamentos Dakota fue asesinado **John Lennon** en 1980. Anteriormente, este bello edificio neogótico había sido escenario de la película de Roman Polanski *Rosemary's Baby*. Lauren Bacall y Judy Garland también vivieron allí.

New York Historical Society ★★

D3 *170 Central Park West (esquina 77th St.) - ☎ 212 873 3400 - www.nyhistory.org - de ma. a do. de 11:00 a 17:00 h (vi. hasta las 20:00 h) - 24 $. Calcula 1:00 h*

Fundada en 1804 para preservar la historia de la ciudad, esta institución alberga una biblioteca y un museo ecléctico, que conserva una excelente serie de pinturas de la **Escuela de Hudson**, más de 400 acuarelas de **John J. Audubon** (incluida una serie preparatoria de sus famosas aves americanas) y una deslumbrante galería de un centenar de lámparas **Tiffany** iluminadas. Las exposiciones temporales utilizan las colecciones según temas específicos relacionados con la ciudad y su evolución social. La Sociedad Histórica de Nueva York albergará próximamente el **LGBTQ+ Museum** *(americanlgbtqmuseum.org)*.

American Museum of Natural History★★★

D3 *Central Park West (entre 77ᵗʰ y 81ˢᵗ Sts.) -* ✆ *212 769 5100 - www. amnh.org - todos los días de 10:00 a 17:30 h - 28 $. Calcula 1/2 día.*
Este enorme y espectacular **museo de historia natural**, al igual que su biblioteca científica, es uno de los más grandes del mundo. Su centro de investigación en biología, antropología y astrofísica goza también de una prestigiosa reputación. Iniciado en 1874, este monumento ecléctico no se terminó hasta la década de 1930. Inaugurado en 2023, el **Gilder Center**, una espectacular ala en forma de cañón, permite a los visitantes explorar un vivario de mariposas, un insectario y una nueva zona de exposiciones interactivas y envolventes como *Invisible worlds*, que destaca poéticamente la interconexión de la vida en la Tierra.

Otra ampliación notable, el **Rose Center for Earth and Space★★**, es un asombroso cubo de cristal (2000). Pero son sobre todo los antropólogos del museo los que dan valor a la institución, a través de las diversas exploraciones llevadas a cabo a finales del siglo xix y principios del xx. El **Theodore Roosevelt Memorial Hall★★** presenta una reconstrucción de 16,80 m de altura del esqueleto de un barosaurio. La **sala de la biodiversidad** *(planta baja)* aborda temas biológicos de actualidad. Desde aquí se puede visitar la **sala de la vida submarina**, antes de pasar a una serie de salas sobre el **medio ambiente norteamericano** y, más concretamente, el del estado de Nueva York. En la sala de los **indios de la Costa Noroeste**, podrás admirar una enorme canoa de cedro y colecciones de artesanía nativa americana e inuit, así como tótems. De vuelta a la sala de recepción, la exposición termina con los mamíferos norteamericanos. La parte trasera de la planta, más allá de la sala de biología y evolución, está dedicada a la geología, con una **sala de meteoritos** (cuyo punto culminante es un canto rodado de 34 t, fragmento de un meteorito hallado en Groenlandia en 1895) y una **sala de minerales y piedras preciosas** (unos 4 000 ejemplares, entre ellos la *Estrella de la India*, el mayor zafiro del mundo con 563 quilates).
La primera planta está dividida en cuatro áreas principales: los **pueblos y la fauna de África**, los **pueblos de Asia**, los **pueblos de América Latina** y las **aves**. Para cada continente, los

Zeiss4Me/Getty Images Plus

Columbia University.

dioramas sitúan a los animales y los pueblos en su entorno original. Más de 60 000 objetos reproducen la vida cotidiana de decenas de pueblos. Las **aves** de los mares del sur y del mundo en general están magníficamente naturalizadas.

En la segunda planta hay salas dedicadas a la etnología, en particular a los **amerindios de los bosques orientales y las llanuras**, con reconstrucciones de sus chozas. Cerca, la hermosa **sala de los pueblos del Pacífico**, dedicada a Margaret Mead, está salpicada de piezas de gran calidad y desprende una atmósfera luminosa y silenciosa, propicia para la meditación. La fauna incluye reptiles, primates y aves norteamericanos.

La tercera planta cuenta con seis magníficas **salas de fósiles**. Aquí podrás descubrir los primeros vertebrados, dinosaurios (incluido un *Tyrannosaurus rex*) y mamíferos y sus antepasados (mamuts, megaterios).

Rose Center for Earth and Space★★ - La presentación científica del cosmos descansa aquí en el uso de las técnicas audiovisuales más avanzadas. Solo el Hayden Planetarium merece una visita por su **Space Show Worlds Beyond Earth**, una presentación en 3D de un viaje al espacio, desarrollada con la NASA *(Espectáculo Espacial de 10:30 a 16:30 h cada 30 min)*. A los pies de la esfera, **Scales of the Universe** muestra la enorme variedad de escalas del cosmos, mientras que **The Cosmic**

Pathway es una exposición de 120 m de largo que ilustra la historia de nuestro universo. Una breve presentación en el Big Bang Theatre permite a los visitantes imaginar el Big Bang. El **Hall of Planet Earth** examina más específicamente la historia de nuestro planeta y su evolución geológica y climática. Por último, **Hall of the Universe** presenta los últimos descubrimientos en astrofísica.

Cathedral Church of Saint John The Divine ★★

D2 *1047 Amsterdam Ave. (frente a la 112ᵈ St.) - www.stjohndivine.org - de 9:30 a 17:00 h, do. desde las 12:00 h - 15 $.*

Construida para la Iglesia Episcopaliana (1892), puede albergar hasta 3000 fieles. Convertido en una especie de centro cultural, se utiliza para espectáculos. La fachada occidental, flanqueada por dos torres inacabadas, se centra en la **Puerta del Paraíso**, cuyas puertas de bronce fueron realizadas por el fundidor parisino que trabajó en la Estatua de la Libertad. La inmensa nave está jalonada por catorce tramos. Detrás del coro, las capillas radiantes están dedicadas a los siete grupos étnicos que emigraron a Estados Unidos. La capilla de San Columba contiene un tríptico de bronce y oro blanco de **Keith Haring** (1989).

Columbia University ★★

DE1 *De la 114ᵗʰ a la 120ᵗʰ St.-- entrada principal por Broadway, en la 116ᵗʰ St. - www.columbia.edu - Centro de visitantes (☎ 212 854 4900) en la Low Memorial Library: todos los días excepto fines de semana de 9:00 a 17:00 h - aplicación disponible online para una visita en total autonomía. Los visitantes están autorizados a pasear libremente por el campus y la Low Memorial Library (acceso a los demás edificios solo con guía) - visita guiada: infórmate.*

Fundada en 1754 por los ingleses con el nombre de King's College, pasó a llamarse Columbia College tras la Revolución americana. Es una universidad privada, una de las más prestigiosas del país, y miembro de las famosas **Ivy League** un grupo de ocho universidades muy selectivas de la Costa Este. Es famosa por sus departamentos de ciencias (antropología, genética, biotecnología), derecho y empresariales. Desde 1902, alberga una escuela de periodismo financiada por el editor de periódicos Joseph **Pulitzer**. Actualmente concede cada año el prestigioso Premio Pulitzer. Entre sus célebres alumnos figuran treinta y siete premios Nobel, los presidentes Roosevelt y Eisenhower,

Centro de educación Roy y Diana Vagelos

En 2016, en la Avenida Haven, en el cruce con la calle W. **171**, se inauguró este **centro educativo** dedicado a la medicina, una extensión de Columbia. Diseñado por la agencia Diller Scofidio + Renfro (responsable de la famosa High Line, ⟲ *pág.* 48), el edificio de catorce plantas tiene una original estructura que combina acero y hormigón, con salas de estudio alternadas con una red de pasarelas verticales.

figuras de la economía como Alan Greenspan y Milton Friedman, los escritores Jack Kerouac, Allen Ginsberg, Federico García Lorca, J.D. Salinger, Isaac Asimov y Paul Auster, los cineastas Greta Gerwig y Jim Jarmusch, y el cantautor Art Garfunkel. La Columbia University cuenta actualmente con casi 24 000 estudiantes. Los visitantes pueden pasear libremente por el campus. Los edificios principales se extienden alrededor de una amplia plaza. Al norte, la **Low Memorial Library**★ (1895) recuerda al Panteón de Roma. Su escalera exterior está dominada por una estatua de la diosa Minerva. En el interior, admira la rotonda y la decoración de estilo Beaux-Arts. El **Earl Hall** (1902), rematado por una cúpula, se reconoce por su frontón neoclásico y sus columnas. Alberga los servicios sociales y las confesiones religiosas del campus. **St Paul's Chapel** es una iglesia de ladrillo de estilo renacentista italiano, utilizada actualmente para conciertos. En el sótano, la **Postcrypt Coffeehouse** resonó con los poemas de Jack Kerouac y las canciones de Bob Dylan en los años 70. En el lado sur de la capilla, el edificio **Buell Hall** (1878) es todo lo que queda del manicomio que ocupaba el lugar antes de la universidad. Al fondo, una reproducción en bronce de *El Pensador* de Rodin marca la entrada al edificio de filosofía. La **Butler Library** (1934) alberga la biblioteca

del campus, una de las mayores del país, con más de 2 millones de los 9,2 millones de volúmenes de la universidad.

Riverside Drive and Park★★

D1-2/C2-3 El parque se extiende a lo largo del frente del río, por la Avenida **Riverside Drive** desde la 72nd hasta la 155th St. La parte más agradable se encuentra al sur de la 100th St., incluido el **Jardín Inglés** (91st St.).

Riverside Church★★

D1 *Riverside Dr. y 120th St.*
Esta imponente iglesia neogótica, con su campanario de 120 m, fue financiada en parte por John D. Rockefeller. Su fachada oeste está inspirada en la de la catedral de Chartres. En el interior: cuenta con dos vidrieras del siglo XVI procedentes de la catedral de Brujas y un carillón de setenta y cuatro campanas.

General Grant National Memorial★

D1 *Riverside Dr. D. (frente a la iglesia, a la altura de la 122nd St.) - ☎ 646 670 7251 - www.nps.gov/gegr - de 10:00 a 16:00 h - cerrado mi. y do. - gratis.*
Este monumento (1896) está dedicado a **Ulysses S. Grant**, presidente de los Estados Unidos de 1869 a 1877. Una gran cúpula cubre la cripta, en cuyos nichos se encuentran los bustos de los compañeros de armas de Grant. Las fotografías expuestas en dos pequeñas salas repasan su vida.

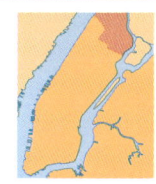

Harlem★
y el Bronx★

Atrás quedaron las imágenes idealizadas de Harlem como cuna del jazz y gueto violento y sórdido: el Harlem de hoy ha salido de los tópicos que lo estigmatizaron durante décadas. Aunque sigue siendo la capital cultural de la América negra, su paisaje urbano está cambiando rápidamente. Los poderes públicos se han renovado y la burguesía blanca y negra, liberada de prejuicios raciales, se ha instalado allí en armonía, expulsando poco a poco a los más desfavorecidos.

▶**Acceso:** en metro, estaciones de las **125**th y **135**th Streets de las líneas **A**, **B**, **C**, **D**, **2** y **3**. En autobús, líneas **1** y **10**.

Mapa extraíble F1, E1-2.

▶**Consejo:** a menos que vayas a una misa góspel un domingo (llega pronto porque las plazas son limitadas), los días laborables son más animados. Planifica una velada en un club de jazz. Por la noche (únicamente), si vas solo o en pareja, posiblemente debas volver a casa en taxi. ◉ *«Nuestras direcciones/Salir en Harlem», pág. 128.*

HARLEM

Tras la fundación del primer pueblo holandés en 1658 (al sur del actual Harlem), la zona circundante siguió siendo rural hasta la llegada del ferrocarril en 1837 y, posteriormente, de las líneas aéreas de metro. A finales del siglo XIX, Harlem se convirtió en un barrio de moda y los promotores construyeron tanto que no encontraban inquilinos. Así que alquilaron a la clase media negra, con el resultado de que en la década de 1920 ya vivían en Harlem unos 60 000 negros. Con el racismo en auge, los blancos se fueron marchando poco a poco. El florecimiento de la cultura del **jazz** y la Ley Seca hicieron de los animados clubes de Harlem un lugar de encuentro para toda una población de intelectuales, artistas y juerguistas. Los bares de moda, reservados a los blancos, vibraban al son del blues y el jazz negros. Era el apogeo de Harlem, con la aparición de una identidad afroamericana. El final de la Ley Seca y la **Gran Depresión** supusieron el fin de esta efervescencia. La escena del jazz emigró a Greenwich Village, mientras el desempleo expulsaba a la clase media y dejaba el distrito en manos de los más desfavorecidos. El deterioro de las viviendas y la pobreza extrema dieron a Harlem una siniestra reputación de tugurio. En los años 60, el despertar de la conciencia política negra devolvió Harlem a la luz, sobre todo con las arengas de **Malcolm X** en

Black Muslim Temple of Islam (que fue asesinado en 1965, en la 166th St.). Harlem dio a Nueva York su primer (y único) alcalde negro, David Dinkins. El barrio ahora se rehabilita poco a poco. Se están reconstruyendo tiendas y pisos, aunque la identidad del barrio está cambiando ya que la población negra ya no puede pagar los alquileres y está emigrando en masa de Nueva York. Como muchos otros barrios, Harlem se ha aburguesado, gentrificado y uniformado.

Studio Museum in Harlem ★

E1 *144 Wes 125th St. - ☎ 212 864 4500 - www.studiomuseum.org - cerrado por construcción de un nuevo edificio, reapertura en 2024.* Desde 1968, este museo se dedica al arte afroamericano y a los artistas locales, desde el *folk art* hasta vídeos e instalaciones más conceptuales. Su nueva y enorme caja cúbica, diseñada por David Adjaye, arquitecto del prestigioso Smithsonian National Museum of African American History and Culture de Washington DC, contrasta con las *brownstones* y las iglesias de Harlem.

Marcus Garvey Park ★

F1-2 *En dirección sur, entre las West 124th y 119th Sts.,* se pasa por este bonito parque con colinas. En el lado oeste, una hilera de *brownstones* bien restauradas (◉ pág. 159) permiten hacerse una idea del Harlem de clase media de finales del siglo XIX.

Apollo Theatre ★

E1 *253 West 125th St. (entre Frederick Douglass y Adam Clayton Powell Blvds) - www.apollotheater.org.*

En 1914, este monumento a la historia del jazz se cerró a los negros. En 1934, adoptó su nombre actual, se convirtió en el templo de la música negra y acogió a Louis Armstrong, Aretha Franklin, Ray Charles, James Brown e incluso los Jackson Five. La **Amateur Night** de los miércoles ha revelado inmensos talentos. El Apollo ha vuelto a convertirse en uno de los escenarios más populares de Nueva York. Recientemente se ha ampliado para incluir el vecino **Victoria** Theatre.

Schomburg Center for Research in Black Culture ★

F1 *515 Malcolm X Blvd (cerca de West 135th St.) - ☎ 212 491 2265 - www.nypl.org - ♿ - todos los días excepto do. de 10:00 a 18:00 h - entrada gratuita.* El puertorriqueño **Arthur Schomburg** (1874-1938) demostró a través de numerosos documentos que los negros americanos tenían una historia, un patrimonio y una identidad. Este centro contiene más de 5 millones de documentos que ilustran esta cultura.

Strivers Row

F1 *West 138th y 139th Street.* Estas hermosas *brownstones*, donde se instaló la naciente burguesía negra en los años 20, albergan mansiones georgianas y neorrenacentistas que se están restaurando poco a poco.

Morris-Jumel Mansion

Mapa extraíble (por E1) *Esquina West 160th St. y Edgecombe Ave. - ☎ 212 923 8008 - morrisjumel.org - parque: de 10:00 a 17:00 h; mansión: ma. a ju. de 13:00 a 16:00 h, de vi. a do. desde las 11:00 h - 10 $.*

Michele Vacchiano/Getty Images Plus

Harlem, entre Frederick Douglass Boulevard y West¹²⁵th Street.

Esta casa solariega (1765) es el último vestigio del período prerrevolucionario. Durante la Guerra de la Independencia (1776), albergó el cuartel general de **George Washington**. Construida en estilo federal, fue adquirida por los **Jumel**, ricos comerciantes franceses.

Hispanic Society Museum and Library★

Mapa extraíble (por E1) *613 W. 155th St. - ☎ 212 926 2234 - www. hispanicsociety.org - de 12:00 a 17:00 h - cerrado de lu. a mi. - gratuito.*
Ubicado en un bello edificio neoclásico, este pequeño museo ofrece un fascinante panorama de la civilización hispánica desde la época prerromana y cuenta con una impresionante colección de pinturas maestras.

En la planta baja del patio de estilo renacentista español, la galería expone objetos tradicionales y rituales, platería, herramientas prehistóricas, reclinatorios renacentistas y telas brocadas. No te pierdas la sala de la derecha dedicada a **Joaquín Sorolla y Bastida** (1863-1923), el gran pintor impresionista español conocido por su colorido y su dominio de la luz: catorce cuadros monumentales realizados entre 1911 y 1919 ilustran las costumbres y tradiciones españolas. La **galería superior** (que se reabrirá en breve) alberga una rica colección de cerámica, alfarería y joyería, así como numerosos **retratos** de El Greco, Morales, Ribera, Velázquez y Goya.

Una visita muy agradable, ya que el museo es muy particular y raramente visitado.

BRONX★

Mapa extraíble (por G1) El único *borough* de Nueva York que no está en una isla, el Bronx es ante todo la sede de los Yankees, el legendario club de béisbol. También es un distrito muy verde: casi una cuarta parte de su territorio está ocupada por parques, como el **Bronx Park★** de más de 100 ha. El Bronx, que es el barrio que más ha sufrido la inmigración, ganándose la reputación de barrio duro y peligroso, está evolucionando poco a poco. En el sur del Bronx, pasado Harlem, el barrio de Mott Haven alberga cafeterías y restaurantes de moda. A lo largo del río, el proyecto de transformación de Bronx Point anuncia la revitalización del barrio con el desarrollo de los muelles, la apertura del Universal Hip-Hop Museum y la puesta en marcha del Bronx Terminal Market (*bronxterminalmarket.com*).

New York Botanical Garden★★

2900 Southern Blvd - ☎ 718 817 8700 - www.nybg.org - de ma. a do. y lu. festivos de 10:00 a 18:00 h - 35 $. Unos cincuenta jardines temáticos cumplirán las expectativas de los botánicos por las espectaculares **rosaledas** *(en junio)*, los encantadores invernaderos victorianos del **Enid A. Haupt Conservatory★★** con las flores del desierto y las especies tropicales (la **Orchid Show** de febrero a abril), y un **Adventure Garden** para

niños. La página web del jardín ofrece información detallada sobre las flores y bellezas actuales.

Bronx Zoo★★

Bronx River Parkway - ☎ 718 220 5100 - www.bronxzoo.com - de abril a noviembre de 10:00 a 17:00 h, fines de semana hasta las 17:30 h; resto del año hasta las 16:30 h - 37,95 $ - reserva obligatoria.
Inaugurado en 1899, el mayor zoo urbano de Estados Unidos se extiende por agradables zonas arboladas. Su misión es promover el estudio de la zoología de forma ética y responsable, y preservar las especies salvajes recreando lo mejor posible su hábitat natural. Entre los más espectaculares, **Jungle World** recrea de forma admirable el entorno de la selva tropical y el **World of Darkness** ofrece un viaje a la oscuridad para descubrir especies insospechadas. En el exterior, las zonas de osos y tigres son muy populares.

Universal Hip-Hop Museum

610 Exterior St. - ☎ 347 454 2793 - www. uhhm.org - apertura en 2025, infórmate. Este museo está íntegramente dedicado al hip-hop, un movimiento musical y social que surgió a principios de los años 70, con un inicio controvertido que y luego alcanzó la cima gracias a sus iconos, adorados internacionalmente. Las modernas galerías interactivas, con vídeos, imágenes de archivo, composiciones musicales y objetos que pertenecieron a los artistas, permitirán a los visitantes sumergirse en esta cultura y comprenderla mejor.

The Met Cloisters★★★

Encaramado en una colina que domina las orillas del Hudson (Fort Tryon Park), al norte de Washington Heights, este museo, que forma parte del Metropolitan Museum, reproduce la arquitectura de un monasterio europeo fortificado. En su interior, la colección de arte medieval se codea con claustros desmantelados en el Viejo Continente y reensamblados aquí. El sereno conjunto es una admirable ilustración del arte sacro de la Edad Media.

▶**Acceso:** la **línea 4 de autobús** llega a los *Cloisters* (1 h desde Midtown). En metro, **línea A** estación 190th Street y 10 min a pie.
Horarios y precios: de 10:00 a 17:00 h - cerrado mi. - entrada combinada con el Met 5th Ave. para el mismo día (☏ pág. 75) 30 $. www.metmuseum.org.
Mapa extraíble sobre plano de E1.
▶**Consejo:** el lugar se presta a un picnic.Calcula de 1:00 a 1:30 h para la visita.

Claustros y capillas★★

Durante sus viajes, el escultor **George Barnard** coleccionó restos arquitectónicos del sur de Francia. En 1925, **John D. Rockefeller** donó una suma al Metropolitan Museum para adquirir esta colección, que enriqueció con obras de arte. A continuación, construyó un museo de la Edad Media en Fort Tryon Park (1938).
El **arte románico** se exhibe en la Romanesque Hall junto a la capilla de Fuentidueña (Castilla, 1160). El claustro de St-Guilhem (Hérault, finales del siglo XII) anuncia el primer estilo gótico. **El arte** gótico se manifiesta con la capilla de Langon (abadía de Moutiers-St-Jean, siglo XII), el claustro de St-Michel de Cuxa y la sala capitular de Pontaut. En el nivel inferior, una capilla gótica alberga tumbas catalanas y aragonesas (s. XIII-XIV). El claustro de Bonnefont (Francia, s.XIII-XIV) bordea un jardín medieval sobre varias terrazas del Hudson. El claustro de Trie (finales del siglo XV) recrea el ambiente contemplativo de los monasterios.

Las colecciones★★★

La **Glass Galery** alberga una serie de vidrieras, estatuas y un retablo flamenco de la Natividad (Rogier Van der Weyden, siglo XV). El **tesoro** alberga una colección de objetos sagrados: esmaltes cloisonné de Limoges (siglo XIII), una bola de rosario (Países Bajos, siglo XVI), colgaduras bordadas, páginas iluminadas de las *Las muy ricas horas del Duque de Berry* y un salero de oro y cristal de roca con pedestal (París, siglo XIII). La colección de **tapices** es una de las más antiguas del mundo (siglos XV-XVI), incluida la *Caza del Unicornio* del castillo de Verteuil-sur-Charente. Otras salas albergan vidrieras, retablos y estatuas de estilo gótico, así como el tríptico de la *Anunciación* del artista Flamand Robert Campin (siglo XV).

Brooklyn★★ y Queens★

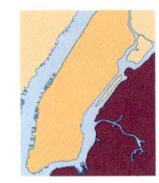

Brooklyn es esta explosiva unión de «suburbio» convertido en bobo-chic-arty, de provincias y de barrio popular; es DUMBO y Brooklyn Heights, cada uno tan fotogénico como el otro; Williamsburg, cuna de los hipsters; Park Slope, sus elegantes *brownstones* y sus familias; Red Hook y los últimos estibadores; Bushwick, sus mesas escondidas y sus coloridos frescos de arte callejero. Más al norte, Queens es un auténtico crisol americano. Es la cuna del cine y alberga fantásticos museos.

▶ **Acceso:** casi todas las líneas de metro llevan a Brooklyn y Queens. Los números de las rutas de autobús en Brooklyn van precedidos de la letra B. La línea **B41** va desde el centro de Brooklyn hasta Bergen Beach, en el sur. Para desplazarse por Queens, toma las líneas de metro **E**, **G**, **N**, **R** y **7**.
Es muy agradable llegar a DUMBO, Williamsburg y Queens en barco (www.ferry. nyc - 4 $ por trayecto) desde Pier 11 (sur de Manhattan) y Corlears Hook (Lower East Side).
Plano del barrio **pág. 98**. **Mapa extraíble** **BC8**, **F4**, **EH5-6**.
▶ **Consejo:** si dispones de poco tiempo, cruza el Puente de Brooklyn a pie y sigue hasta DUMBO para disfrutar de la magnífica vista de Manhattan.

BROOKLYN★★

Brooklyn tiene una historia casi tan antigua como la de Manhattan. Esta región, antaño rural, pasó a formar parte de Nueva York en 1898. Hoy es el más poblado de los *boroughs* neoyorquinos (con casi 2,5 millones de habitantes, lo que la convierte en la cuarta ciudad más grande de Estados Unidos), una mezcla de gentes y géneros, una ciudad **multiétnica** marcada por el asentamiento masivo de inmigrantes y una serie de barrios elegantes, como **Brooklyn Heights**, habitados por neoyorquinos adinerados que trabajan en Manhattan. Cuando hace buen tiempo, los céspedes de **Prospect Park** y las playas de **Coney Island**, al sur, ¡están abarrotados!

Brooklyn Heights★★

B8 En la época de la Revolución americana, esta parte de Brooklyn sirvió como cuartel general de **George Washington**. Más tarde, fue la primera zona en desarrollarse al facilitarse los traslados a Manhattan. El **paseo marítimo** que domina el río y bordea los jardines de las mansiones ofrece una magnífica **vista★★★** del Lower

Elena Chertovskikh/Getty Images Plus

Brooklyn Heights.

Manhattan y sus rascacielos. Forma parte del apreciado **Brooklyn Bridge Park★★**.

DUMBO★ / Brooklyn Bridge Park★★

C8 Situado entre los puentes de Brooklyn y Manhattan, **DUMBO** *(Down Under the Manhattan Bridge Overpass)* es un antiguo barrio de fábricas y almacenes con una arquitectura espectacular, ahora en plena transformación y tomado por los jóvenes del Financial District. Construido entre Furman Street y el East River en un antiguo emplazamiento industrial, el **Brooklyn Bridge Park** atrae a grandes multitudes. Sus praderas, colinas y diversos muelles, transformados en zonas de ocio y juego, están surcados por senderos peatonales y carriles bici... La gente viene a descansar en la hierba, a jugar al vóley-playa, a comer algo o a tomar una copa en las terrazas de los bares y pequeños restaurantes que se han instalado, con los rascacielos de Manhattan alzándose frente a ellos. Parte del Brooklyn Bridge Park *(www. brooklynbridgepark.org)*, el **Empire Fulton Ferry SP★★** está justo entre el Manhattan Bridge y el Brooklyn Bridge *(⊙ pág. 26)*. ¡Una vista inolvidable garantizada!

Williamsburg ★

E7-8 Williamsburg es el escaparate de moda de Brooklyn, originalmente hogar de artistas que había huido de los precios del East Village (a una parada de metro). La fama del barrio y su cultivado «relax-back cool» lo han hecho tan popular que los precios se han disparado y su condición de santuario ya no es más que una ilusión. La mejor época para visitarlo son los fines de semana, cuando los mercadillos animan la zona. Para un concentrado del estilo del barrio, que ahora vacila entre locales independientes y franquicias o incluso marcas de lujo (Hermès, Chanel… que se agrupan en N. 6th St.), date un paseo por **Bedford y Berry Streets** al norte del Williamsburg Bridge. Y escápate a las orillas del East River

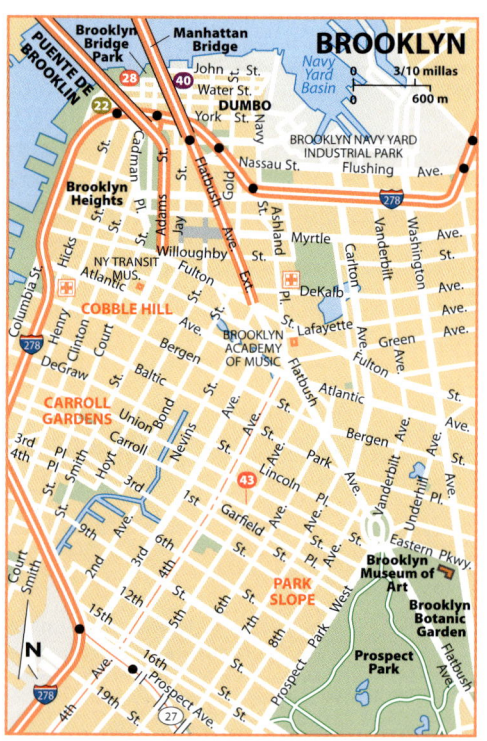

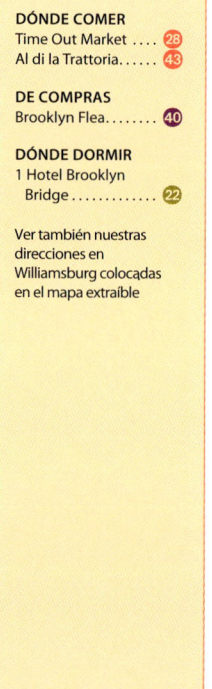

para disfrutar de las impresionantes vistas sobre Midtown por las que los residentes de los edificios de lujo pagan una fortuna. El muy fotogénico **Domino Park**, construido en el emplazamiento industrial de una antigua refinería de azúcar, es un lugar ideal para relajarse y disfrutar del panorama. Un poco más al norte, el **Marsha P. Johnson State Park** y **Bushwick Inlet Park** ofrecen otra alternativa.

Bushwick★

FG8 Pueblo fundado por colonos holandeses en 1660, Bushwick se hizo famoso por sus cervecerías en los siglos xix y xx. Hoy es un refugio para artistas que huyen del aburguesamiento de Williamsburg. Es difícil imaginar una situación así en los años 70 y 80, cuando este barrio de Brooklyn era uno de los más peligrosos de la ciudad. Las paredes de las antiguas fábricas de Bushwick están ahora cubiertas de frescos de **street art** (sobre todo en **Bogart St.**, **Gardner Ave.**, **Johnson Ave.**, **Scott Ave.** y **Troutman St.**), la mayoría de ellos realizados por el Bushwick Collective, la asociación de artistas que ha trabajado para revitalizar el barrio.

Prospect Park★

B2 *pág. 98 Tres entradas: 150 Eastern Parkway, 455 Flatbush Ave., 990 Ave. Washington* -www.prospectpark.org. Este espacio verde, diseñado por los paisajistas de Central Park, alterna prados y arboledas, con un aire más rural y rústico que su «hermano mayor». Ya que estás allí, aprovecha para pasear por las calles de **Park Slope**, la zona residencial próxima al parque. Sus calles comerciales arboladas, sus bonitos *brownstones* y su ambiente familiar hacen muy agradable el paseo.

Brooklyn Botanic Garden★ *- Lefferts Historic House - www.bbg.org - de lu. a vi. de 10:00 a 18:00 h; de noviembre a febrero hasta las 16:00 h - 22 $*. Construido en 1910 dentro del parque, el jardín botánico es apreciado por su paisaje japonés y, en primavera, por sus magnolias y cerezos (prunus), cuya floración puede seguirse en tiempo real en la página web.

Brooklyn Museum of Art★★

B2 *pág. 98 200 Eastern Parkway - ☎ 718 638 5000 www. museum.org - de mi. a do. de 11:00 a 18:00 h - 20 $ (con exposición temporal 25 $). Gratis el primer sá. de mes de 17:00 a 23:00 h.* El Brooklyn Museum of Art (1897), uno de los más ricos de la ciudad, está en obras de reinstalación hasta finales de 2024 (algunas secciones pueden estar cerradas). Sus colecciones, repartidas en 52 000 m² (1,5 millones de obras en los fondos del museo), son de gran calidad, y las exposiciones temporales suelen ser vanguardistas. A menos que hayas decidido limitar tu visita a un solo tema, empieza por la quinta planta.

Pintura y escultura americana★★★ *5ª planta*. Esta serie está enraizada en la geografía, las etnias y la vida cotidiana del país; abarca el paisajismo, la pintura de género, la Guerra de Secesión, el exotismo, los pintores autodidactas, los artistas de las grandes escuelas, la transición del siglo XIX romántico al siglo XX industrial, el expresionismo abstracto y el minimalismo en la segunda mitad del siglo XX.

Arte decorativo★★ - *4ª planta.*
No te pierdas las *period rooms*, reconstrucciones de interiores de diferentes estilos y épocas, con mobiliario y artes decorativas: descubrirás una casa holandesa del siglo XVII, el eclecticismo que marcó el final del siglo XIX y principios del XX, pasando del neogótico al japonés para culminar en el Arts & Craft, el Art Nouveau y luego el Art Déco y el Mid-Century.

Elizabeth A. Sackler Center for Feminist Art★ - *4ª planta.*
Este original departamento se centra en el arte visto y ejecutado por mujeres según su propia sensibilidad. La obra central es **The Dinner Party★★** (1974-1979), una instalación a gran escala de Judy Chicago.

Antigüedades egipcias★★★
- *3ª planta.*
Estas colecciones, que figuran entre las más renombradas del mundo, reúnen objetos cotidianos fascinantes. La primera parte presenta la historia del museo, mientras que la segunda explica las diferentes facetas de la vida cotidiana en Egipto durante la Antigüedad. También hay una sección dedicada al arte asirio.

Pintura Europea★★ - *3ª planta.*
Esta sección se organiza en torno al claustro porticado como un paseo por 700 años de pintura europea, que incluye paisajes, retratos y escenas de género o históricas de artistas

tan diversos como Monet, Courbet o Sorolla...

Arte asiático y del mundo islámico★ - *2ª planta.*
Expone las artes de diversas civilizaciones asiáticas (China, Corea, Japón, India, Nepal, Sudeste Asiático) y árabes (arte islámico).
La *primera planta* está reservada a las exposiciones temporales y alberga una cafetería y el restaurante de moda The Norm.

QUEENS★

EH5-6 Queens, el mayor de los cinco *boroughs* de Nueva York, ocupa, junto con Brooklyn, la parte occidental de Long Island. Alberga dos de los tres aeropuertos que dan servicio a Nueva York: John F. Kennedy y LaGuardia (◉ *pág. 3*). También alberga dos de los grandes templos deportivos de la ciudad, Citi Field y Flushing Meadows, sede del US Open de tenis. En los años 20, el barrio de Astoria contaba con una veintena de estudios cinematográficos.... Hoy, tras un largo período de abandono, Queens, con su riqueza de comunidades, aprovecha la subida de precios de Manhattan para atraer a artistas, jóvenes diseñadores, empresas y visitantes encantados de descubrir sus fascinantes museos.

MoMA PS1★

E5 *22-25 Jackson Ave. (esquina 46th Ave.) - ☏ 718 784 2084 - www. momaps1.org - todos los días excepto ma. y mi. de 12:00 a 18:00 h, sá. hasta las 20:00 h - 10 $; gratis con una entrada del MoMA de menos de catorce días.* Este centro dedicado al arte contemporáneo forma parte del MoMA, para el que sirve de guardería de jóvenes artistas. Ubicado en una escuela pública construida en estilo neorrenacentista a principios de la década de 1890, el centro ha conservado su entorno sin adornos. El contraste es sorprendente entre la austeridad de los muros de ladrillo, los interminables pasillos, el mobiliario escolar conservado y la audacia de las exposiciones presentadas en las antiguas aulas. Pinturas sobre la distorsión del cuerpo, instalaciones monumentales, vídeos desconcertantes con conceptos abstractos... es difícil seguir un hilo conductor, pero imposible permanecer indiferente ante este abanico bastante completo de lo que es hoy el arte contemporáneo. Quizás las futuras estrellas del MoMA se encuentren entre los artistas expuestos.

Noguchi Museum★

F4 9-01 *33ʳᵈ Rd., Long Island City - ☎ 718 204 7088 - www.noguchi.org - de mi. a do. de 11:00 a 18:00 h* - $16. **Isamu Noguchi** (1904-1988), el gran escultor estadounidense de origen japonés, es famoso por sus jardines (Unesco, París), espacios públicos (Hart Plaza, Detroit), mobiliario (lámparas Akari de papel y bambú) y decorados teatrales (Balanchine, Martha Graham). El museo, ubicado en el jardín de su antiguo estudio, expone muestras de sus esculturas, así como obras de otros

artistas, fotógrafos y diseñadores contemporáneos.

Museum of the Moving Image★★

G5 *36-01 35ᵗʰ Ave. (esquina 36ᵗʰ St.) - Astoria - ☎ 718 777 6800 - movingimage.us - &. - ju. de 14:00 a 18:00 h, vi. hasta las 20:00 h, y fines de semana de 12:00 a 18:00 h - 20 $.* Este museo, con trajes y fotos de actores legendarios, se encuentra en el antiguo barrio de la **industria cinematográfica** en el emplazamiento de los Estudios Astoria. Numerosos carteles y fotos dan testimonio de los días de gloria de los estudios, pero es sobre todo la exposición permanente *Behind the Screen* (Detrás de la pantalla) que entusiasmará por igual a niños, adolescentes y adultos. En salas de un blanco inmaculado, casi 130 000 objetos (cámaras, decorados, trajes, pelucas, etc.) evocan emoción y nostalgia, desde el traje de Chewbacca en *Star Wars* al aterrador maniquí de *El Exorcista*. Se exponen los primeros juegos arcade (incluido el legendario *Tron*) y se recrea la antigua decoración egipcia de un cine de los años 20.

La museografía es muy interactiva: los visitantes pueden aprender técnicas de doblaje, crear sus propias películas de animación e incluso componer las bandas sonoras de grandes éxitos de Hollywood. Una visita fascinante y divertida.

101

NUESTRAS SUGERENCIAS

La terraza de la azotea de The Crown.
The Crown

Dónde comer

A cualquier hora del día, encontrarás multitud de sitios donde comer algo en todos los distritos, pero no esperes precios baratos (para un picnic, opta por cadenas *healthy* como Whole Foods Market). Por la noche, no faltan buenos restaurantes, pero los precios se disparan y se recomienda reservar. Los fines de semana, como los neoyorquinos, cede a la tentación del *brunch*, icon el que harás dos comidas en una!

✆ *«Dónde beber» pág. 114 y «Comida» pág. 139.*

☞ **Encuentra las direcciones en nuestros mapas gracias a los puntos numerados (pág. ej. ❶). Las coordenadas en rojo (pág. ej. C2) remiten al mapa extraíble (en el interior de la cubierta).**

Lower Manhattan

Plano del barrio pág. 16-17

Alrededor de 20-30 $

❸ **Adrienne's Pizzabar** - **A8** - *54 Stone St.* - Ⓜ *Wall St.* - ✆ *(212) 248-3838* - *www.adriennespizzabar.com* - *servicio continuo* - *pizza 28/39 $* - *platos 14/26 $.* Deliciosas pizzas, pero también gratinados y ensaladas en una pintoresca calle histórica.

❻❸ **Westville** - **B8** - *110 Wall St.* - Ⓜ *Wall St.* - ✆ *(212) 741-4780* - *www.westvillenyc.com* - *servicio continuo* - *platos 13/29 $.* Una microcadena local muy querida que ofrece comida sana en un espacio bonito y luminoso a precios moderados: platos de verduras, bols y buenos postres.

De 30 a 60 $

❤ ❻❹ **Tin Building by Jean-Georges** - **B8** - *96 South St.* - Ⓜ *Fulton St.* - *www.tinbuilding.com* - *servicio continuo* - *platos 16/40 $.* El antiguo mercado de pescado, convertido en *food hall* por el chef estrella Jean-Georges

Vongerichten, alberga dos niveles de restaurantes y mostradores *gourmet* (*seafood bar, trattoria, brasserie, taquería, veggie...*) con vistas a los barcos del Seaport Museum.

Chinatown

Plano del barrio pág. 31

Alrededor de 30-40 $

❹ **West New Malaysia** - **B7** - *69 Bayard St.* - Ⓜ *Canal St.* - ✆ *(212) 964-0284* - *westmalaysiatogo.com* - *servicio continuo* - *platos 13/25 $.* Arroz frito y fideos, curry, *satay* (brochetas). El menú de esta limpia cantina malaya tiene un extenso catálogo, pero nada decepcionante. Sabores auténticos a precios asequibles.

De 40 a 80 $

❷❺ **Peking Duck House** - **B7** - *28 Mott St. - entre Chatham Sq. y Pell St.* - Ⓜ *Canal St.* - ✆ *(212) 227-1810* - *www.pekingduckhousenyc.com* - *servicio continuo* - *platos*

Nicole Franzen / Tin Building by Jean-Georges

Tin Building por Jean-Georges.

23/37 $. Un clásico del barrio. Pato pekinés tradicional *(80 $)* enrollado en pequeños crepes . ¡Es una delicia que no puedes perderte!

NoLita

Plano del barrio pág. 36

Alrededor de 20-30 $

19 Little Ruby's Café - B7 - *219 Mulberry St. -* Ⓜ *Spring St. -* ✆ *(212) 925-5755 - www.rubyscafe. com - servicio continuo - platos 16/21 $.* Una carta variada (desayunos, bols, hamburguesas, ensaladas, pasta) unida a una excelente relación calidad-precio para la zona. Servida con manzanas, la Bronte es la hamburguesa *signature.*

Alrededor de 30-40 $

❤ **15 Rubirosa - B7 -** *235 Mulberry St. -* Ⓜ *Spring St. -* ✆ *(212) 965-0500 - www.rubirosanyc.com - servicio continuo - platos 26/31 $.* Las mejores pizzas del barrio (y otros platos familiares italianos bien elaborados) para degustar en un pequeño local lleno de carácter. La salsa marinara también es legendaria. Muy recomendable reservar.

TriBeCa - SoHo

Plano del barrio pág. 31

De 30 a 50 $

12 Le Botaniste - B7 - *127 Grand St. -* Ⓜ *Canal St. -* ✆ *(646) 870-7770 - www.lebotaniste.us - servicio* *continuo - platos 15,50/35 $.* Ubicado en una antigua botica, esta neo-cantina bio y vegetariana ofrece un menú responsable, creativo y colorido, demostrando que es fácil disfrutar de combinaciones culinarias sorprendentes y variadas. Cuenta con otras tres direcciones en Manhattan.

De 40 a 80 $

❤ 37 **Au Cheval** - **B7** - *33 Cortlandt Alley -* Ⓜ *Spring St. -* ✆ *(646) 350-2429 - www.auchevalnyc.com - cerrado de lu. a ma. mediodía - platos 29/70 $.* En un callejón de cine, una brasería elegante y relajada, animada y a la moda, donde podrás comer una memorable hamburguesa con queso servida con una impresionante selección de cervezas de barril. Se recomienda reservar.

54 **Locanda Verde** - **A7** - *377 Greenwich St. -* Ⓜ *Franklin St. -* ✆ *(212) 925-3797 - www.locanda verdenyc.com - todos los días mañana, mediodía y noche - platos 39/69 $.* Un ambiente chic y moderno para uno de los mejores restaurantes italianos de la ciudad. Desde el desayuno hasta la cena, los platos se preparan con esmero. Platos originales y productos de calidad. Mención especial merecen los *rigatoni* a la boloñesa con cordero, *ricotta* y menta, ¡deliciosos!

Lower East Side

Plano del barrio pág. 36

Alrededor de 20-30 $

❤ 29 **Russ & Daughters** - **C7** -*179 East Houston St. - 2ª Ave. -* ✆ *(212) 475-4880 - www.russand daughters.com - cerrado por las noches - unos 20 $.* Esta charcutería centenaria deleita a sus clientes con su salmón ahumado y otros pescados servidos en un bagel artesano con *cream cheese.* La venerable charcutería también ha abierto un elegante café-restaurante en el 127 de Orchard St. y dos nuevos establecimientos en Hudson Yards y Brooklyn.

❤ ❤ 9 **Essex Market** - **C7** - *88 Essex St. -* Ⓜ *Delancey St./Essex St./ - www. essexmarket.nyc - servicio continuo - platos de 15 $.* El histórico mercado del barrio se ha modernizado conservando su espíritu étnico. Encontrarás una gran variedad de cocinas que hacen honor a la diversidad del Lower East Side.

De 30 a 60 $

11 **Freemans** – **B7** - *191 Chrystie St. - al final de Freeman Alley -* Ⓜ *Bowery -* ✆ *(212) 420-0012 - www.freemans restaurant.com - todos los días, almuerzo y cena - platos 34/58 $.* Escondida al final de un callejón plagado de arte callejero, esta encantadora taberna recrea el ambiente de una casa colonial, con cuadros y trofeos de caza. También se pueden degustar especialidades rústicas americanas.

Greenwich Village

Plano del barrio pág. 41

Alrededor de 20-30 $

5 **All'Antico Vinaio** - **B6** - *225 Sullivan St. -* Ⓜ *W. 4ª Wash. Sq. -* ✆ *(917) 672-2641 - www.allanticovinaio.com/ new-york - de 11:30 a 19:00 h (vi. y sá. hasta las 20:00 h) platos 15/20 $.* Esta sandwichería florentina se ha ganado el paladar de los neoyorquinos. El pan toscano es fresco y los ingredientes generosos. No pienses sentarte aquí, pero Washington Square está a tiro de piedra para un picnic *gourmet.*

De 30 a 60 $

❤️ **8** **Balaboosta** – **B6** - *611 Hudson St. -* Ⓜ *14th St. -* ☎ *(212) 390-1545 - www.balaboostanyc.com - cerrado lu. y mediodías excepto sá. y do. - platos 29/44 $. Balaboosta* significa «perfecta anfitriona y madre gallina» en yiddish. La chef israelí Einat Admony abrió este restaurante en memoria de su madre. El menú ofrece especialidades de Oriente Próximo, cada una más deliciosa que la anterior, y nos lleva en un viaje sensorial y gustativo de Nueva York a Jerusalén.

Mapa extraíble

East Village - NoHo

Alrededor de 30-40 $

❤️ **10** **Veselka** – **C6** - *144 2nd Ave. -* Ⓜ *Astor Pl. -* ☎ *(212) 228-9682 - veselka.com - servicio continuo - platos 16/27 $.* El cuartel general de la comunidad ucraniana desde 1954 se ha convertido en una dirección icónica de Nueva York. Un local amplio y animado donde disfrutar de deliciosas especialidades a precios bajos durante todo el día. Prueba los *pierogi* de col y reserva sitio para los *blintzes* (tortitas rellenas). No te dejes desanimar por las colas, pues rara vez duran más de 20 min. Muy agradable también para el desayuno y el *brunch*.

De 30 a 50 $

❤️ **68** **Soothr** – **C6** - *204 East 13th St. -* Ⓜ *3rd Ave. -* ☎ *(212) 844-9789 - www. soothrnyc.com - todos los días, almuerzo y cena - platos 20/45 $.* Este restaurante tailandés de moda con decoración *vintage* es tan apetecible que resulta difícil elegir. La sala y su patio recrean un *soi* de Bangkok. A los platos de autor (*duck noodles, shrimp curry*) se unen suculentas especialidades de temporada y una excelente carta de cócteles originales.

20 **Momofuku Noodle Bar** – **C6** - *171 1st Ave. - entre 10th y 1st St. -* Ⓜ *Astor Pl. -* ☎ *(212) 777-7773 - www. momofukunoodlebar.com - todos los días, almuerzo y cena - platos 19/21 $.* Aquí se puede comer ramen (una variedad de sopas de fideos) y suculentos bollos al vapor de David Chang, pionero en el renacimiento de la cocina asiática.

48 **Double Zero** – **C7** - *65 2nd Ave. -* Ⓜ *2nd Ave. -* ☎ *(212) 777-1608 - www. doublezeronewyork.com - cerrado al mediodía entre semana - pizza 18/24$ - platos 12/22 $.* ¿Cómo conciliar la pizza o la pasta *gourmet* con una comida sana y equilibrada? La respuesta del chef Matthew Kenney es combinar los sabores con la cocina vegetariana. Prueba sus originales pizzas con crema de anacardos y su pasta boloñesa vegetariana. ¡Grandes descubrimientos!

Chelsea

Alrededor de 20-30 $

14 **Whole Foods Market** - **B5** - *450 W. 33rd St. -* Ⓜ *34th St.-Hudson Yards -* ☎ *(646) 540-1104 - servicio continuo - buffet al peso, 14 $ por libra.* Esta gigantesca sucursal de la cadena de supermercados ecológicos, conocida por sus *delicatessen* y su *salad bar*, comparte su hermosa terraza en el corazón de Hudson Yards con el restaurante vegano **Jajaja Mexicana**. ¡A elegir!

7 Chelsea Market - Plano del barrio pág. 41 - B6 - *75 9th Ave. - entre 15th y 16th St. - Ⓜ 8th Ave. - ☎ (212) 652-2111 - www.chelseamarket.com - servicio continuo.* Una treintena de pequeños restaurantes, pastelerías y puestos *gourmet* ocupan esta antigua fábrica rehabilitada. Hay para todos los gustos: bagels, tacos, fideos, marisco, falafels, donuts, brownies... para comer o llevar. Muy turístico, por lo que siempre está abarrotado.

De 40 a 70 $

❤ **6 Cookshop - B5** - *156 10th Ave. - esquina 20th St. - Ⓜ 23rd St. (8th Ave.) - ☎ (212) 924-4440 - www.cookshopny.com - todos los días, almuerzo y cena - platos 27/40 $.* Una de nuestras direcciones favoritas en Chelsea por su ambiente típico de barrio, su interior luminoso con decoración de madera clara y plantas, y su sabroso menú locavore. Su brunch es muy popular.

Union Square - Madison Square

De 30 a 70 $

1 Laut – C6 - *15 East 17th St. - Ⓜ 14th St.- Union Sq. - ☎ (212) 206-8989 - www.lautnyc.com - todos los días, almuerzo y cena - platos 19 $/38 $.* Una parada recomendada para la cocina malaya y singapurense, a veces con un toque especial (fideos fritos con gambas y salchicha picante). Abundante, exótica y francamente buena. Local colorido que puede ser ruidoso.

47 Laut – C6 - *35 East 19th St. - Ⓜ 23rd St. - ☎ (212) 475-5829 - www.abckitchens.nyc - todos los días, almuerzo y cena - platos 26/32 $.* En la galaxia de restaurantes de Jean-Georges Vongerichten, abcV está dedicado a los vegetarianos. En un ambiente muy de diseño, donde el blanco dominante se rompe con toques de colores acidulados, se puede disfrutar de platos bonitos, vivos y de buenos sabores.

❤ **16 Gramercy Tavern - C6** - *42 East 20th St. - Ⓜ 23rd St. - ☎ (212) 477-0777 - www.gramercytavern.com - servicio continuo - platos aprox. 35 $.* Pionero en el renacimiento de la cocina americana moderna, este gran restaurante de ambiente cálido y animado es uno de los favoritos de los *gourmets* desde 1994. Elige la sección de taberna de la entrada por sus precios muy asequibles. Solo se sirven productos de temporada.

West Midtown

Desde 20 $

66 Sweetgreen - C4 - *1740 Broadway - Ⓜ 59th St. Columbus Circle - ☎ (646) 956-2600 - www.sweetgreen.com - servicio continuo - platos desde 10 $.* Una elección práctica y *healthy*, uno de los favoritos de los neoyorquinos a la hora de comer. Es espacioso, con asientos y Central Park está a tiro de piedra. Grandes cuencos de verduras crudas, cocidas, quinoa, lentejas, pollo, tofu y más. Contundente, sabroso, bien condimentado y saludable.

❤ **36 Kung Fu Little Steamed Buns Ramen – C4** - *811 8th Ave. - Ⓜ 42th St. (casi esquina 49th St.) - ☎ (917) 388-2555 - www.kungfulittlesteamed bunsramen.com - servicio continuo - menos de 20 $.* ¡Bienvenido al mundo de los *noodles*! Peter Song, el chef al que se ve estirando y golpeando la masa tras un cristal, es un especialista. Los fideos se pueden tomar como sopas o salteados. Excelentes albóndigas al vapor.

De 40 a 70 $

❤ **67** **Keens Steakhouse** - **C5** - *72 West 36th St.* - Ⓜ *34th St.* - ✆ *(212) 947-3636 - www.keens.com - cerrado sá. y do. al mediodía - platos 55/172 $.* Más barato que el menú a la carta, el *pub menú* (pídelo directamente) es una ganga para disfrutar de una carne excelente en un asador histórico (1885), elegante y acogedor, decorado con una increíble colección de pipas de terracota. Haz una reserva y déjate tentar por la brocheta fundente del *grilled filet mignon*.

22 **Nobu 57** - **D4** - *40 West 57th St.* - Ⓜ *57th St.* - ✆ *(212) 757-3000 - www. noburestaurants.com - servicio continuo - platos 20/69 $.* En un ambiente contemporáneo y acogedor, podrás degustar cocina japonesa de primera calidad, por la que son famosos los platos de bacalao.

East Midtown

De 30 a 70 $

2 **Festivál Café** - **D4** - *1155 2nd Ave. - en 61st St.* - Ⓜ *Lexington Ave./59th St.* - ✆ *(646) 398-9686 - www. festivalcafenyc.com - todos los días excepto do., servicio continuo - platos 28/36 $.* Dirección de estilo campestre con algunas cabañas en la terraza. Platos *gourmet*, bandejas, sándwiches, ensaladas y mariscos seleccionados de productores locales. También es famoso por sus cócteles elaborados con plantas aromáticas de una granja ecológica.

❤ **17** **PJ Clarke's** - **D4-5** - *915 3rd Ave. (esquina con 55th St.)* - ✆ *(212) 317-1616 - pjclarkes.com - servicio continuo*

- platos 24/42 $. Este edificio de 1898 alberga una taberna desde 1904. Un pub muy agradable, donde se puede comer como en casa (estofado de carne o pastel de pastor). Frank Sinatra, Nat King Cole y Jackie Onassis eran clientes habituales. Amplia selección de cervezas de barril. Razonable si te limitas a los bocadillos.

❤ **23** **Grand Central Oyster Bar** - **C5** - *89 East 42nd St. - Grand Central Terminal -* Ⓜ *Grand Central* - ✆ *(212) 490-6650 - www.oysterbarny.com - cerrado los fines de semana - platos 22/95 $.* Un histórico restaurante de estación (1913) y probablemente el mejor lugar de la ciudad para disfrutar del marisco.

Central Park

De 50 a 70 $

3 **Central Park Boathouse** - **D3** - *East 72nd St. - Park Drive Norte* - Ⓜ *72th St.* - ✆ *(718) 973-9339 - centralparkboathouse. com - servicio continuo - platos 22/50 $.* En el corazón de Central Park, este encantador sitio ofrece una vista idílica del lago, donde la gente practica piragüismo, y del horizonte al fondo. En verano, los ventanales se abren de par en par. Si se estudia con atención el menú (clásico americano), se puede salir con un precio muy razonable. La propina está incluida en la cuenta.

Upper East Side

De 30 a 50 $

18 **Maya** – **E4** - *1191 1st Ave. -* Ⓜ *Lexington Ave.* - ✆ *(212) 585-1818 - www.eatmaya.com - cerrado al mediodía excepto fines de semana - platos 26/40 $.* La cocina mexicana, que mezcla armoniosamente tradición y novedad, se sirve en un entorno muy agradable.

❤️ **50 JG Melon** – **E4** - *1291 3rd Ave. (esquina con 75th St.) - Ⓜ 72st St.- ✆ (212) 744-0585 - www.jgmelon-nyc.com - servicio continuo - platos 20/35 $.* Reconocible por su fachada verde botella y sus manteles a cuadros, este restaurante es una institución del barrio desde hace cincuenta años gracias a su famosa hamburguesa y sus patatas fritas redondas.

Upper West Side

Alrededor de 20 $

59 Whole Foods Market – **C4** - *10 Columbus Circle - en el sótano del Time Warner Center - Ⓜ 59th St.- ✆ (212) 823-9600 - www.wholefoodsmarket. com - servicio continuo.* Cadena de supermercados ecológicos, conocida por sus tentadoras estanterías, variedad de ensaladas y platos preparados de muy diversa procedencia (indios, asiáticos, libaneses, veganos). Se puede comer dentro o llevar en bandeja (Central Park está al lado).

De 40 a 60 $

❤️ **21 Maison Pickle** - **C3** - *2315 Broadway - Ⓜ 86 St. - ✆ (212) 496-9100 - www.maisonpickle.com - servicio continuo - platos de 20 a 42 $.* Esta hermosa brasería moderna tiene un éxito merecido. Impecablemente

La guía Michelin Nueva York
Visita completa: ¡encontrarás una selección de direcciones para todos los bolsillos, así como los restaurantes estrella! www.guide.michelin.com

elaboradas y generosamente servidas, las especialidades de *comfort food* se maridan junto a cócteles creativos e interesantes cervezas. Deja sitio para los gigantescos postres. *Brunch* los fines de semana.

24 Malka – **C3** - *161 West 72nd Ave. - Ⓜ 72nd St. - ✆ (929) 388-4999 - www. malka.nyc - cerrado vi. y sá. y mediodía menos los do. - platos 27/41 $.* A la vuelta de la esquina del Lincoln Center, el chef estrella de Tel Aviv, Eyal Shani, sirve cocina israelí moderna. No es barata, pero sí deliciosa y aromática. Hay que reservar, ya que es un lugar muy popular.

Morningside Heights

De 30 a 60 $

60 Marlow Bistro – **D2** - *1018 Amsterdam Ave. - Ⓜ Cathedral Parkway-110th St. - ✆ (212) 662-9020 - www.marlowbistro.com - cierra al mediodía menos los do. - platos 26/43 $.* Este encantador restaurante ofrece una carta con productos locales y un menú de temporada «de la granja a la mesa». Los chefs-propietarios colaboran con organizaciones benéficas neoyorquinas para promover el acceso a una mejor alimentación y educación.

Harlem y el Bronx

Menos de 20 $

27 Jacob Restaurant – **F1** - *373 Lenox Ave. - Ⓜ 125th St. - ✆ (212) 866-3663 - www.jacobrestaurant.com - servicio continuo - precio al peso (comida máxima de 15 $).* Este pequeño e informal autoservicio es un lugar frecuentado por clientes habituales, atraídos por la buena relación calidad-precio del bufé, siempre variado y muy fresco. Crudités, confort y *soul food*, puré de patatas casero, ensaladas de frutas.

De 30 a 50 $

65 BLVD Bistro - **E2** - *2149 Frederick Douglass Bd, cerca de la 116th St. - M 116th St. - ☏ (212) 678-6200 - www.boulevardbistrony.com - servicio continuo - platos muy abundantes 24/42 $.* El mejor lugar para conocer el *soul food* (cocina afroamericana del sur de Estados Unidos) en un ambiente cálido y típicamente Harlem. ¡Las noches de DJ de los fines de semana son muy animadas!

46 Dinosaur Bar-B-Que – **D1** - *700 West 125th St. - M 125thSt. - ☏ (212) 694-1777 - www.dinosaurbarbque.com - todos los días excepto lu., servicio continuo - platos 15/19 $.* No hay nada más americano que este restaurante especializado en carnes a la parrilla. En un entorno rústico, la cocina es sencilla pero contundente.

62 Beatstro - **G1** - *135 Alexander Ave. - M 3rd Ave./138st St. - ☏ (718) 489-9397 - www.beatstro.com - cerrado al mediodía - platos 17/27 $.* La decoración, que recuerda a una tienda de discos de los años 70-80, rinde homenaje a la diversidad artística, étnica y cultural del Bronx. Ambiente funky y sabrosa cocina de fusión *soul food* con inspiraciones afroamericanas y puertorriqueñas. El *brunch* es muy popular.

Brooklyn - DUMBO

Plano del barrio pág. 98

Alrededor de 20-30 $

❤ **28 Hora Fuera Mercado** - **C8** - *55 Water St, en el Empire Stores.*

- M *York St. - www.timeoutmarket.com - servicio continuo - platos de 15 $.* La *food hall* de la famosa revista *Time Out* reúne a una veintena de marcas *gourmet* emblemáticas de Nueva York en un almacén histórico: tortitas de Clinton St. Baking Company, pizza de Fornino's, etc. Fantástica vista desde la azotea que se extiende entre los puentes de Brooklyn y Manhattan.

De 40 a 80 $

❤ **71 Vinagre Hill House** - **C8** - *72 Hudson Ave. - M York St. - www.vinegarhillhouse.com - cerrado a mediodía excepto fines de semana - platos 26/43 $.* Fuera del turismo de masas, en un barrio de contrastes, aquí hay un restaurante de moda con encanto de estilo *vintage* que conquistará a los más exquisitos con su cocina inventiva *Modern American*. Imprescindible reservar.

Brooklyn - Williamsburg y Bushwick

Menos de 20 $

❤ **30 Tortillería Mexicana Los Hermanos** - **G8** - *271 Starr Martin - M Jefferson St. - ☏ (718) 456-3422 - servicio continuo - platos 7/11 $.* Desde 1998, esta empresa familiar de tortillas lleva deleitando a los asiduos con sus tortas de maíz, elaboradas en el propio local y rellenas al momento en tacos, quesadillas o tostadas. Para un bocado auténtico, económico y sabroso.

De 20 a 40 $

❤ **72 Gertie** - **E8** - *357 Grand St. - M Metropolitan Ave. - ☏ (718) 636-0902 - www.gertie.nyc - cerrado ma.*

111

y cenas - platos 14/18 $. Este fresco y luminoso *neo-diner* sirve lo mejor de los productos judíos de Nueva York. Todo es casero, desde los *bagels* que componen los deliciosos sándwiches de pastrami hasta los pasteles como el *babka* de chocolate. Prueba la ensalada de pescado blanco ahumado, es una delicia.

42 Fette Sau - **E7** - *354 Metropolitan Ave. -* Ⓜ *Metropolitan Ave. -* ☎ *(718) 963-3404 - www.fettesaubbq.com - cerrado lu. y ma. para comer - platos 12/16 $*. Una excelente barbacoa al estilo americano con costillas, ternera a la parrilla y salchichas de granjas locales, servidas con alubias rojas. Ambiente relajado: mesas grandes en un cobertizo abierto a la calle.

❤ **70 Roberta's** - **F8** - *263 Moore St. -* Ⓜ *Morgan Ave. -* ☎ *(718) 417-1118 - www.robertaspizza.com/bushwick - servicio continuo - pizza 16/26 $*. Esta pizzería con su decoración de ladrillos, nacida en un garaje como el mayor *success stories*, fue pionera en la nueva escena culinaria *gourmet* de moda en Brooklyn. ¡Qué ambiente tan único!

De 50 a 100 $

26 Peter Luger Steak House - **D8** - *178 Broadway - esquina Driggs St. -* Ⓜ *Marcy Ave. -* ☎ *(718) 387-7400 - www.peterluger.com - servicio continuo - platos 39/90 $*. La mejor carne de Nueva York desde 1887. Imprescindible reservar.

❤ **49 The Four Horsemen** – **E7** - *295 Grand St. -* Ⓜ *Metropolitan Ave. -* ☎ *(718) 599-4900 - www.fourhorsemenbk.com - cerrado comidas de lu. a ju. - platos 24/33 $*. El restaurante del cantante James Murphy (LCD Soundsystem) es todo un éxito. El concepto: pequeños platos inventivos y modernos para compartir, alternando tierra y mar, y una impresionante carta de vinos naturales.

Brooklyn - Park Slope

Plano del barrio pág. 98

De 40 a 60 $

43 Al di la Trattoria - **No disponible en el mapa extraíble** - *248 5th Ave. -* Ⓜ *Union St. -* ☎ *(718) 783-4565 - www.aldilatrattoria.com - cerrado do. y comidas - platos 29/34 $*. Una auténtica trattoria italiana con un encanto un poco anticuado, considerada una apuesta segura por los lugareños. Desde los antipasti hasta los postres, todo está muy bien ejecutado, con sabores sencillos.

Queens

69 Casa Enrique - **E5** - *5-48 49th Ave. -* ☎ *(347) 448-6040 - cerrado entre semana para comidas y do. cenas - platos 25/42 $- www.casaenriquelic. com*. Uno de los mejores restaurantes mexicanos de Nueva York, lleva en marcha desde 2012. El chef, Cosme Aguilar, llegó a Estados Unidos en 1998 y empezó en un restaurante francés como mozo antes de formarse como chef. Tras diez años perfeccionándose, Cosme se sintió atraído por su infancia en Chiapas y abrió un restaurante mexicano.

Dónde beber

Las cafeterías, enotecas, cervecerías, coctelerías, pastelerías y azoteas están de moda en Nueva York. También puedes descubrir los *food trucks gourmet*, que revisitan de forma creativa la comida callejera de todo el mundo, tanto en versión salada como dulce.

☞ **Localiza las direcciones en nuestros planos gracias a las etiquetas numeradas (ej. ❶). Las coordenadas en rojo (ej. C2) remiten al mapa extraíble (en el interior de la portada).**

Lower Manhattan

Plano del barrio págs. 16-17

❤️ **16 The Dead Rabbit** – **A8** - *30 Water St. Gallen* - Ⓜ *Bowling Green/ Sur Ferry Station* - ✆ *(917) 540-5228* - *thedeadrabbit.com* - *de 11:00 a 2:00 h, vi. y sá. hasta las 3:00 h, The Parler: de ma. a sá. de 17:00 a 1:00 h.* Tras una fachada anónima se esconde el famoso antro de dos amigos norirlandeses que han revolucionado el espíritu de las coctelerías. En la planta baja, una taberna irlandesa en su estado original (con una lista interminable de tipos de whisky).

❤️ **42 The Bar Room at the Beekman** – **B8** - *5 Beekman St.* - Ⓜ *Fulton San Fulton* - ✆ *(917) 728-4685* - *www.templecourtnyc.com* - *de 12:00 a 0:00 h, do. y lu. de 10:00 a 23:00 h, vi. y sá. de 11:00 a 1:00 h.* Al lado del restaurante The Temple Court, una inmersión retro en el Nueva York de los años 50 de *Mad Men*, con sillas de sapo de terciopelo con flecos, lámparas de latón y una librería. Impresionante carta de cócteles, vinos y licores.

Chinatown

Plano del barrio pág. 36

38 The Crown - **B7** - *50 Bowery - 21* - Ⓜ *Grand St.* - ✆ *(646) 639-4901* - *www.thecrownnyc.com - de 16:00 a 0:00 h (vi. hasta las 2:00 h), sá. de 14:00 a 2:00 h.* Bar en la azotea que ofrece, entre otros, originales cócteles inspirados en los sabores del continente asiático.

NoLita

Plano del barrio pág. 36

2 Rice to Riches - **B7** - *37 Spring St. (entre Mott y Mulberry Sts.)* - Ⓜ *Spring St.* - ✆ *(212) 274-0008 - www. ricetoriches.com - de 11:00 a 23:00 h, vi. y sá. hasta la 1:00 h.* Decoración minimalista para una experiencia 100% con su arroz con leche, disponible en un montón de sabores y colores.

31 Eileen's Cheesecake – **B7** - *17 Cleveland Pl. (esquina Kenmare y Centre Sts.)* - Ⓜ *Spring St.* - ✆ *(212) 966-5585 - www.eileenscheesecake. com - de 11:00 a 19:00 h, vi. y sá. hasta las 20:00 h.* Las mejores tartas de queso de Nueva York, ricas y espumosas a la perfección. Elige entre una decena de sabores.

TriBeCa - SoHo

Plano del barrio pág. 31

❤ **5** **Smith & Hills** - *71 N. Moore St. (entre Greenwich y Hudson St.) -* Ⓜ *Franklin St.-* ☏ *(212) 226-2515 - www.smithandmills.com - de 16:00 a 1:00 h, do. y lu. hasta las 23:00 h - cerrado Thanksgigiv y Navidad.* Este pequeño bar es una antigua casa de carruajes con mucho carácter. Merece la pena visitar incluso los aseos, todos de hierro forjado cincelado. Sabrosos cócteles.

9 **A.R.T. SoHo** - **AB7** - *231 Hudson St. -* Ⓜ *Canal St. -* ☏ *(646) 518-8882 - www.arlohotels.com - de ma. a ju. de 16:00 a 0:00 h, vi. y sá. hasta las 2:00 h - cerrado do. y lu..* Azotea y bar del hotel Arlo SoHo, este oasis urbano sirve cervezas artesanas y cócteles creativos. Murales al fresco, una pared de ladrillo, bombillas Edison colgantes y una clientela moderna del SoHo. Vistas al río Hudson y al centro de Manhattan.

❤ **44** **Two Hands** - **B7** -*251 Church St. -* Ⓜ *Franklin St. - www. twohandshospitality.com - de 8:00 a 21:00 h (do. hasta las 17:00 h, lu. hasta las 16:00 h).* Casi enfrente de la singular Leonard Tower, este es un lugar relajante donde parar a tomar un desayuno lleno de vitaminas, un almuerzo *healthy* o un batido mientras se está fuera de casa. Varias sucursales en otros puntos de la ciudad, igualmente recomendables.

❤ **35** **Grand Banks** - **Fuera del plano del barrio** - **A7** - *Pier 25 - Hudson River Park -* Ⓜ *Franklin St. - t (212) 660-6312 - www.crewny.com - de abril a octubre de 10:00 a 23:00 h, fines de semana desde las 11:00 h..* Esta goleta de 1942 se ha convertido en el bar-restaurante flotante de marisco más popular de la ciudad. Las ostras son excelentes (pero conseguir mesa es un milagro), aunque puedes limitarte a tomar una copa y admirar la magnífica vista sobre Nueva Jersey y los rascacielos del Financial District. Un momento mágico al atardecer. Ojo, la espera puede ser larga.

Lower East Side

Plano del barrio pág. 36

6 **Dudley's** – **C7** – *85 Orchard St. (esquina Broome St.) -* Ⓜ *Delancey St. -* ☏ *(212) 925-7355 - www. dudleysnyc.com - de 9:00 a 0:00 h.* Bonita decoración bohemia y música jazz de fondo para este bar esquinero con grandes ventanales. Cócteles, cervezas y vinos (biodinámicos), y comida a todas horas, sencilla y eficaz.

115

7 **Il Laboratorio del Gelato** – **C7** - *188 Ludlow St. -* Ⓜ *2ⁿᵈ Ave. -* ☏ *(212) 343-9922 - www.laboratorio delgelato. com - de 10:30 a 22:00 h (vi. y sá. desde las 12:00 h)..* Helados perfectamente cremosos y una pequeña tienda que da directamente al «laboratorio», donde se elaboran unos setenta y cinco sabores.

❤ **37** **The Roof** - **BC7** - *215 Chrystie St. - bar del Public Hotel -* Ⓜ *2ⁿᵈ Ave. -* ☏ *(215) 735-6000 - www.publichotels. com - de 17:00 a 2:00 h, ju. a sá. hasta las 4:00 h.* La azotea del Public Hotel ofrece una vista de 360° del horizonte de Manhattan: un marco espléndido para tomar una copa en los grandes sofás de la elegante terraza, mientras se contempla el panorama.

28 **Mr. Purple** - **C7** - *180 Orchard St. -* Ⓜ *2ⁿᵈ Ave. -* ☏ *(212) 237-1790 - www. mrpurplenyc.com - de 17:00 a 2:00 h, ju. hasta las 3:00, vi. hasta las 4:00 h, sá. de*

14:00 a 4:00 h y do. de 14:00 a 2:00 h. La azotea de la planta 15 del Hotel Indigo ofrece una vista de 360° de la ciudad. Puedes quedarte resguardado tras el gran ventanal y disfrutar del brillo de los rascacielos sobre el Lower Manhattan o descansar en la terraza, frente a la piscina climatizada (más decorativa), tomando sus famosos cócteles.

Greenwich Village

Plano del barrio pág. 41

8 Magnolia Bakery - **B6** - *401 Bleecker St. - West 11th St. -* Ⓜ Bleecker St. - ℘ *(212) 462-2572 - www.magnoliabakery.com- de 9:30 a 22:00 h, vi. y sá. hasta las 23:00 h.* Una pastelería imprescindible desde *Sexo en Nueva York*, especializada en *cupcakes*, tartas de queso y otros dulces típicamente americanos para llevar.

21 Corner Bistro – **B6** - *331 W. 4th St - esquina Jane St. -* Ⓜ *Bleecker St. - ℘ (212) 242-9502 - www.cornerbistrony.com- de do. a mi. de 11:30 a 2:00 h, de ju. a sá. hasta las 4:00 h.* Este pub, donde la cerveza fluye libremente las noches de partido, es una institución del Village. Las hamburguesas son baratas y muy populares.

East Village - NoHo

10 Mudspot – **C6** - *307 East 9th St. -* Ⓜ *Astor Pl. - ℘ (212) 529-8766 - www.mudnyc.com - de 7:30 a 23:00 h, fines de semana desde las 8:00 h.* Típicamente neoyorquino, con sus paredes de ladrillo y su mini-patio en la parte de atrás, un pequeño café acogedor a cualquier hora, tan bueno para el *brunch* como para un tentempié o un aperitivo.

3 Mc Sorley's – **C7** - *15 East 7th Ave. -* Ⓜ *Astor Pl. -mcsorleysoldalehouse.nyc - de 11:00 a 1:00 h.* Abierto en 1854, es el bar irlandés más antiguo de la ciudad. Las paredes están cubiertas por completo con cuadros, carteles y fotos, y el suelo está sembrado de serrín, lo que le da un carácter único. Más vale que te guste la cerveza, porque es lo único que sirven en un ambiente bullicioso.

22 Ten Degrees - **C7** - *121 St.Maks Pl. - ℘ (516) 400-4147 - www. tendegreesbar.com - de 16:00 a 4:00 h (de vi. a do. desde las 14:00 h).* Un bar de vinos (y cócteles) que se ha sumado a la moda. Decoración contemporánea: taquillas de madera, paredes de ladrillo y materiales restaurados. Tablas de embutidos y quesos.

Chelsea - Meatpacking District

1 Market 57 at Pier 57 - **A6** - *25 11th Ave. -* Ⓜ *14th St. - www.pier57nyc.com/market-57 - de 11:00 a 20:00.* Atracada a orillas del río Hudson, frente a Little Island, la terminal marítima de 1954 se ha transformado recientemente en un parque urbano en la azotea con *food hall* y salón de comidas panorámico en la planta baja, en colaboración con Google y la Fundación James Beard. Varios puestos de comida étnica, *Harlem Hops* (cervezas) y un bar de vinos, *City Winery*.

32 Lobby Bar at the Hotel Chelsea - **B5** - *226 W. 23rd St. -* Ⓜ *23rd St. - ℘ (212) 483-1010 - www.hotelchelsea.com - de 11:00 a 14:00 h.* Cerrado durante una larga década, el legendario Chelsea Hotel cantado por Leonard Cohen

Annie Schlechter/Bar del Hotel Chelsea

Bar del Chelsea Hotel.

ha resucitado, más lujoso que antes pero aún perseguido por ese indeleble espíritu bohemio. Ven a tomar un cóctel entre la flamante decoración ecléctica de los salones o al restaurante español *El Quijote*, magníficamente restaurado, para invocar a los fantasmas del pasado, de Jack Kerouac a Patti Smith.

Union Square - Madison Square

❤️ **23 Lillie's** - **C6** - *13 E. 17th St.* - ✆ *(212) 337-1970 - www.lilliesnyc.com - de 14:00 a 1:00 h, ju. y vi. hasta las 2:00 h, sá. de 11:30 a 2:00 h y do. de 11:30 a 1:00 h.* Vidrieras, paneles de madera, antigüedades, una chimenea monumental, imponentes lámparas de araña y un mostrador de mármol. Este bar destila la elegancia de la época victoriana, aunque la música indie rock sea decididamente contemporánea.

26 230 Fifth - **C5** - *1150 Broadway - cerca de W.27th St.* - Ⓜ *Union Square -* ✆ *(212) 725-4300 - www.230-fifth.com - de 16:00 a 0:00 h, vi. de 14:00 a 3:00 h, sá. de 11:30 a 4:00 h, do. de 11:30 a 0:00 h.* Una azotea recomendada más por sus admirables vistas del Empire State Building y los rascacielos del Midtown que por la originalidad de sus cócteles.

❤️ **29 Old Town Bar** - **C6** - *45 East 18th St.* - Ⓜ *Union Square -* ✆ *(212) 529-6732 - de 11:30 a 0:30 h, do. y lu. hasta las 22:30 h.* Este magnífico bar, uno de los más antiguos de la ciudad, lleva atendiendo a sus clientes desde 1882. Como los mejores pubs británicos, destila auténtica alma a través de su carpintería, sus espejos y sus lámparas de araña.

West Midtown

15 **Sarabeth's** - **D4** - *40 Central Park South (entre 5th y 6th Aves)* - Ⓜ *5th Ave.* - ☎ *(212) 826-5959 - www. sarabethsrestaurants.com - de 8:00 a 22:00 h (do. hasta las 21:00 h).* Al borde de Central Park, ideal para desayunar o hacer una pausa para comer pasteles. ¡La repostería es exquisita!

East Midtown

❤ **4** **Ophelia Lounge** - **D5** *3 Mitchell pl. (esquina E. 49th St. y 1st Ave.)* - Ⓜ *51st St.* - ☎ *(212) 980-4796 - www. opheliany.com - de 17:00 a 23:00, de ju. a sá. hasta las 0:00 o las 2:00 h, do. desde las 12:00 h.* Un íntimo bar de cócteles situado en la planta 26 de la Torre Beekman, un monumento Art Déco con vistas al East River. Las bebidas se acompañan de deliciosos platos pequeños. DJ de ju. a sá.

43 **The Campbell** - **C5** - *15 Vanderbilt Ave.* - Ⓜ *Grand Central.* ☎ *(917) 209-3440 - www.thecampbellnyc.com - de 13:00 (sá. y do. desde las 12:00) a cierre.* En el corazón de Grand Central, el despacho de un rico hombre de negocios de los locos años 20 se ha transformado en un elegante bar de cócteles, con vigas neorrenacentistas y una chimenea monumental que antaño ocultaba la caja fuerte del multimillonario. Una auténtica curiosidad.

Upper East Side

43 **Serendipity 3** - **D4** - *225 E. 60th St. (entre 2nd y 3rd Ave.)* - Ⓜ *59th St.* - ☎ *(212) 838-3531 - www.serendipity3. com - de 11:00 a 23:00 h, sá. y do. desde las 10:00 h.* Decoración *kitsch* para este café-glaciar-salón de té que hace las

veces de restaurante. Andy Warhol fue cliente habitual hasta su muerte. A los niños les encantan sus helados gigantes.

❤ **19** **Café Sabarsky at the Neue Galerie** - **E3** - *1048 5th Ave.* - Ⓜ *86th St.* - ☎ *(212) 288-0665 - www.neuegalerie. org - de 9:00 a 21:00 h, lu. hasta las 18:00 h. cerrado ma. y mi.* Junto al Museo de Arte Austriaco, este elegante café vienés sirve deliciosa repostería.

Upper West Side

❤ **11** **Levain Bakery** - **C3** - *351 Amsterdam Ave. (esquina W. 77th St.)* - Ⓜ *79th St.* - ☎ *(917) 464-3782 - levainbakery.com - de 7:00 a 22:00 h.* La pequeña tienda que abrió en 1995 en la 74St. es ahora famosa en todo el mundo por sus legendarias galletas, el equilibrio perfecto entre blandas y crujientes. Tiene otros seis establecimientos en Manhattan y Brooklyn.

Morningside Heights

27 **Hungarian Pastry Shop** - **D2** - *1030 Amsterdam Ave. - cerca de 111th St.* - Ⓜ *Cathedral Parkway* - ☎ *(212) 866-4230 - de 7:30 a 20:30 h, sá. y do. desde las 8:30 h.* Frente a la catedral de St. John the Divine, un café húngaro de 1961, inmortalizado en numerosas películas, entre ellas las de Woody Allen. Ambiente relajado, estudiantil y literario. Terraza en verano.

Harlem

36 **Sugar Hill Creamery** - **E2** - *184 Malcolm X Blvd.* - Ⓜ *116th St.* ☎ *(212) 634-9004 - www.sugarhillcreamery. com - de 15:00 a 22:00 h (vi. hasta las*

23:00 h), sá. de 12:00 a 23:00 h, do. de 12:00 a 22:00 h. Excelentes helados con sabores americanos y poco azúcar (café-brownie-cacahuetes, tarta de queso con arándanos...), con ingredientes de temporada procedentes principalmente del valle del Hudson. Pocos asientos y ambiente de barrio.

Bronx

Madonia Brothers Bakery – **Fuera del mapa (por G1)** - *2348 Arthur Ave. - ℘ (718) 295-5573 - www.madonia-bakery.net - de 6:30 a 19:00 h, de lu. a mi. hasta las 17:00 h, do. de 7:00 a 18:00 h.* Esta panadería italiana, regentada por la misma familia desde 1918, vende todo tipo de pan (con aceitunas, queso o jamón) para picnics, así como deliciosos biscotti y los mejores cannoli de Little Italy, en el Bronx.

Brooklyn - Williamsburg

12 Pueblo Querido Coffee Roasters - **D7** - *34 N. 6th St. - Ⓜ Bedford Ave. - ℘ (929) 655-1304 - www.pqcoffeeroasters.com - de 6:30 a 17:00 h, fines de semana de 8:00 a 18:00 h.* Este café decorado con colores vivos es un homenaje festivo a la cultura popular colombiana. Los frijoles son de allí, y también sirve zumos de fruta fresca y arepas para picar.

❤ **33 Westlight** - **E7** - *111 N. 12th St. - Ⓜ Nassau Ave. - ℘ (718) 307-7100 - www.westlightnyc.com - de 16:00 a 0:00 h, vi. hasta la 1:00 h, sá. de 12:00 a 2:00 h, do. de 12:0 a 0:00 h.* Sin duda la azotea más grandiosa de Nueva York. Encaramado en la planta 22 de un trasatlántico de cristal y acero, el *William Vale Hotel* ofrece unas vistas deslumbrantes de Brooklyn y del horizonte de Manhattan, un ambiente acogedor y un diseño refinado. La guinda del pastel: sus excelentes cócteles.

❤ **30 Radegast Hall & Biergarten** - **D7** - *113 N. 3rd St. - Ⓜ Bedford Ave. - ℘ (718) 963-3973 - www.radegasthall. com - de 12:00 a 1:00 h, vi. hasta las 4:00 h, sá. de 11:00 a 4:00 h, do. de 11:00 a 1:00 h.* Un auténtico *Biergarten* sin el folclore bávaro pero con un toque de Brooklyn. Dos espacios: un bar con paneles de madera (donde se celebran conciertos de jazz) y una amplia sala con techo retráctil y grandes mesas de madera. Amplia oferta de cervezas, pretzels, salchichas y mejillones con patatas fritas.

13 Hotel Delmano - **E7** - *Berry St. 82 - Ⓜ Bedford Ave. - ℘ (718) 387-1945 - hoteldelmano.com - de 16:00 a 1:00, fines de semana desde las 14:00 h, vi. y sá. hasta las 2:00 h.* Una coctelería elegante y refinada en un hotel solo de nombre. La decoración se asemeja más a la de una antigua casa burguesa. Para acompañar tu bebida, te proponen platos de aperitivo, *small plates* y marisco.

Queens

20 The Bonnie - **GH3** - *29-12 23rd Ave. - Ⓜ DitmarsBd - ℘ (718) 274-2105 - www.thebonnie.com - de 16:00 a 0.00 h, vi. de 12:00 a 2:00 h, sá. de 10:00 a 2:00 h, do. de 10:00 a 0:00 h.* Ambiente cálido y decoración retro-industrial para este bar-restaurante que sirve clásicos americanos. Patio al aire libre en la parte trasera, jardín botánico en la azotea, cócteles originales. Excelente selección de licores. Música en directo y DJ los fines de semana.

🛍 De compras

¿Dónde comprar?

Puede que el dólar ya no favorezca a Europa, pero las compras en Nueva York siguen siendo mundialmente conocidas. Las tiendas de lujo se encuentran e la Quinta Avenida y Madison Avenue, y cada vez más en Williamsburg, que se ha convertido en un destino de compras por derecho propio. Los grandes almacenes están en Midtown y Upper East Side. Los amantes de la moda tendrán que ir a soHo, NoLita, Upper West Side y Williamsburg; los aficionados al *vintage* se dirigirán a Bushwick y los fans de la cultura callejera y las *sneakers* a Harlem y Brooklyn. Por último, los coleccionistas y los cazadores de gangas se pasearán entre Chelsea, TriBeCa y Brooklyn. Los **periódicos** online (☞ *«Salir por la noche» pág. 126*) anuncian las fechas y los lugares de venta.

¿Cómo?

Las grandes marcas americanas venden modelos imposibles de encontrar en Europa. Las mejores gangas se encuentran al final de las **rebajas**, o en las numerosas y grandes **tiendas vintage de segunda mano**, como L Train y Beacon's Closet, que están a la vanguardia de la moda. Los **vaqueros** están especialmente bien de precio (8-15 $). Las **tiendas de deporte** venden zapatillas, camisetas de equipos americanos y *streetwear*. Las **tiendas de museos** venden pósters, copias de objetos y libros de arte. No olvides añadir el 8,875 % de impuestos, excepto para ropa y calzado de menos de 110 $.

☞ **Encuentra las direcciones en nuestros mapas gracias a los puntos numerados (pág. ej. ①). Las coordenadas en rojo (pág. ej. C2) remiten al mapa extraíble (en el interior de la cubierta).**

Lower Manhattan

Plano del barrio págs. 16-17

① Century 21 – **A8** - *22 Cortlandt St. (entre Church St. y Broadway)* - Ⓜ *Cortland St.* - ✆ (212) 227-1202 - www.c21stores.com - todos los días. Una tienda enorme dedicada a los descuentos en grandes marcas. Hay que rebuscar para encontrar alguna que otra ganga (más raro que antes, eso sí).

② Anthropologie - **A8** - *195 Broadway* - Ⓜ *Cortland St.* - ✆ *(212)* 385-3647 - www.anthropologie.com - todos los días. En el Telephone Building (1910), colecciones de moda femenina y objetos de decoración *bohemian chic* se exhiben entre columnatas de mármol antiguo, bajo artesonados y lámparas de bronce y alabastro. Casi enfrente, **Urban Outfitters**, la línea de rock y *streetwear* de la misma casa.

㉚ Midtown Comics - **B8** - *64 Fulton St.* - Ⓜ *Fulton St. Fulton* - ✆ *(212) 302-8192 - www.midtowncomics.*

Chic, ¡desde el outlet de Nueva York!

A pocos minutos de los ferri de Staten Island, ¡puedes ir de compras sin salir de Nueva York! Estos «factory outlets» cumplen las expectativas de los viajeros. Las grandes firmas americanas están presentes en un centenar de tiendas.

😊 En 20 min, el ferri (gratuito) une el Lower Manhattan con Staten Island. Planifica tus compras por la tarde para poder disfrutar de la puesta de sol en el horizonte de Manhattan al regresar. ¡Mágico!.

Empire Outlets - *55 Richmond Terrace - Staten Island Ferry Pier - www.empireoutlets.nyc - todos los días.*

com - todos los días. Imprescindible para los fans del universo Marvel. Las camisetas y el *merchandising* celebran a los superhéroes, pero los fans descubrirán también fanzines y primeras ediciones.

TriBeCa

Plano del barrio pág. 31

3 Phillip Williams Posters - **A7** - *122 Chambers St. -* Ⓜ *Chambers St. -* ✆ *(212) 513-0313 - postermuseum. com - cerrado do.* El especialista en carteles, antiguos con estrellas del pasado o anuncios míticos. Estilos retro y alocado.

15 Canal Street Market - **B7** - *265 Canal St. -* Ⓜ *Canal St. - canalstreet. market - de 11:00 a 20:00 h.* Un espacio de 1000 m² dedicado a la gastronomía, el arte, el diseño, la moda y la belleza.

SoHo

Plano del barrio pág. 31

5 Prada - **B7** - *575 Broadway (esquina Prince St.) -* Ⓜ *Prince St. -* ✆ *(212) 334-8888 - www.prada.com - todos los días.* Ven sobre todo por la alucinante arquitectura imaginada por Rem Koolhaas: ¡diseño aéreo y gigantesca ola de madera que parece una rampa de monopatín!

16 Nike - **B7** - *529 Broadway -* Ⓜ *Prince St.* ✆ *(646) 716-3740 - www.nike. com - todos los días.* Pantallas gigantes, obras de artistas neoyorquinos, diseño meticuloso: aquí te sumerges en la famosa marca. Lo más destacado: ¡una cancha de baloncesto en la quinta y última planta donde podrás probarte tu próximo par de zapatillas!

28 Billionaire Boys Club - **B7** - *7 Mercer St. (entre Canal St. y Howard St.) -* Ⓜ *Canal St. -* ✆ *(212) 777-2225 - www.bbicecream.com - todos los días.* Un templo de la cultura urbana de moda, fruto de la colaboración entre el productor y artista de hip-hop Pharrell Williams y Nigo, diseñador japonés de la marca Icecream. El nombre es provocativo, pero la selección de artículos se dirige a todos los bolsillos, desde camisetas básicas hasta zapatillas de diseño y objetos de coleccionista.

Lower East Side

Plano del barrio pág. 36

8 Economy Candy - **C7** - *108 Rivington St. (entre Ludlow St. y Essex St.) -* Ⓜ *Essex St. -* ✆ *(212) 254-1531 - www.economycandy.com - todos los días.* Estanterías enteras de dulces, chocolatinas y frutos secos, ¡con o sin azúcar!

121

41 **2**nd **Street** - **C7** - *180 Orchard St. -* Ⓜ *2*nd *Ave. - ☏ 646-540-7291 - 2ndstreetusa.com - todos los días.* Originaria de Japón, esta tienda de segunda mano, bastante joven y moderna, intenta abrirse camino en Estados Unidos. Las estanterías están bien organizadas, con una gran cantidad de vaqueros, camisetas, sudaderas y zapatillas, algunas con el nombre de grandes marcas. Varias sucursales en Manhattan y Brooklyn.

Greenwich Village

Plano del barrio pág. 41

10 **C.O. Bigelow** – **B6** - *414 6*th *Ave. (entre West 8*th *y 9*th *St.) -* Ⓜ *Christopher St. - ☏ (212) 533-2700 - www.bigelowchemists.com - todos los días.* La farmacia más antigua de Estados Unidos (1838). En una decoración retro, encontrarás una selección de cosméticos internacionales, así como la línea C.O. Bigelow de productos con fórmulas ancestrales: bálsamo de rosa, crema de extracto de limón, jabón de menta, aceites esenciales, etc.

11 **Village Revival Records** - **B6** - *197 Bleecker St. -* Ⓜ *West 4*th *St./ Washington Sq. - ☏ (646) 692-9580 - www.villagerevivalrecordsnyc.com - todos los días.* Esta tienda de discos es toda una institución en Greenwich Village. Sean cuales sean tus gustos musicales, seguro que encuentras lo que buscas entre 100 000 vinilos. No hay más que preguntar al simpático dueño, un apasionado de la música que sabe todo lo que hay que saber sobre sus existencias.

36 **Murray's Cheese** - **B6** - *254 Bleecker St. (entre 6*th *y 7*th *Ave.) -* Ⓜ *Christopher St. - ☏ (212) 243-3289 - www.murrayscheese.com - todos los días.* Un lugar de perdición para cualquier amante del queso que se precie. Nada menos que 350 variedades, de Europa y Estados Unidos, a precios muy americanos. Importante: pueden prepararte bocadillos para llevar.

East Village - NoHo

Plano del barrio pág. 36

❤️ **32** **John Varvatos** - **C7** - *315 Bowery - frente a Bleecker St. -* Ⓜ *Astor Pl. - ☏ (212) 358-0315 - www. johnvarvatos.com - todos los días.* Una boutique de moda (cara y moderna) en el antiguo CBGB, el legendario club de rock donde empezaron Blondie y los Ramones. El diseñador ha querido preservar el espíritu del lugar: las paredes y el escenario han permanecido intactos y también se pueden comprar vinilos *vintage* y contemporáneos.

Chelsea - Meatpacking District

Plano del barrio pág. 41

❤️ **13** **Dave's** - **B6** - *581 6*th *Ave. (entre 16*th *y 17*^{a} *St.) -* Ⓜ *14*th *St. - ☏ (212) 989-6444 - www.davesnewyork. com - cerrado do.* Más para hombre. Vaqueros y chaquetas Levi's a precios de saldo (45-60 $ en formas clásicas tipo 501) y también una buena opción entre las marcas de ropa The North Face, Carhartt o Columbia.

❤️ **6** **Pippin Vintage Jewelry** - **B6** - *104 West 17*th *St. -* Ⓜ *14*th *St. - ☏ (212) 505-5159 - www.pippinvintage.com - cerrado lu. y ma.* Elegancia y encanto se dan la mano en esta joyería *vintage*. Abarcando diferentes épocas y estilos,

las joyas se presentan en vitrinas y muebles antiguos. Camafeos, baquelitas de colores de los años 30, adornos de brillantes de los años 50, turquesas y lapislázuli de los indios nativos, bibis y broches para sombreros. Una delicia a precios muy asequibles.

Union Square

18 Greenmarket - **C6** - *esquina East 17th St. y Broadway* - Ⓜ *14th St./Union Sq.* - *www.grownyc.org* - *cerrado ma., ju. y do.* Famoso mercado agrícola histórico, bien surtido de frutas, verduras, flores, mieles, quesos, panes y otras delicias dulces y saladas. Una treintena de productores y artesanos locales.

19 Strand - **C6** - *828 Broadway (esquina 12th St.)* - Ⓜ *14th /Union Sq.* - *✆ (212) 473-1452 - www.strandbooks.com - todos los días.* Una gran librería que cobra precios de ganga: libros de arte descatalogados y raros, nuevos y usados, libros sobre la ciudad de Nueva York.

31 Nordstrom Rack - **C6** - *60 East 14th St.* - Ⓜ *14th Union Sq.* - *✆ (212) 220-2080 - www.nordstromrack.com - todos los días.* La cadena de grandes almacenes Nordstrom pone a la venta su stock no vendido de temporadas anteriores a precios reducidos. Seguro que encuentras lo que buscas de todas las marcas americanas y de diseño, incluidos zapatos, ropa, bolsos y accesorios.

West Midtown

21 Macy's - **C5** - *151 West 34th St. - Herald Sq.* - Ⓜ *34th /Herald Sq.* - *✆ (212) 695-4400 - www.macys.com - todos los días.* En Macy's, los mayores grandes almacenes del mundo, encontrarás de todo, ¡desde marcas de lujo hasta collares para perros!

22 B & H - **B5** - *420 9th Ave. - cerca de 34th St.* - Ⓜ *34th /Penn Sta.* - *✆ (877) 759-8003 - www.bhphotovideo.com - cerrado sá.* La tienda de los profesionales de la imagen. Amplia selección de equipos de fotografía y vídeo.

23 NBA Store – **C5** - *545 5th Ave. - 45th St.* - Ⓜ *5th Ave.* - *✆ (646) 440-0637 - www.nbastore.eu - todos los días.* Camisetas, accesorios y objetos para los aficionados al baloncesto.

34 Hudson Yards – **B5** - *20 Hudson Yards* - Ⓜ *34th St.-Hudson Yards* - *✆ (646) 954- 3155 - www. hudson-yardsnewyork.com - todos los días.* Este nuevo centro comercial reúne un centenar de boutiques (marcas americanas e internacionales, desde informales hasta de lujo) y numerosos cafés y restaurantes. Entre ellos, el **Mercado Little Spain**, el templo gastronómico ibérico de los famosos chefs **Ferran** y **Albert Adrià** y **José Andrés**, uno de cuyos restaurantes de Washington DC ostenta dos estrellas Michelin.

East Midtown

24 Saks Fifth Avenue - **C5** - *611 5th Ave. (entre 49y 50ª St.)* - Ⓜ *5th Ave.* - *✆ (212) 753-4000 - www.saksfifthavenue.com - todos los días.* Una tienda legendaria, abierta desde 1924. Aquí se pueden encontrar todos los diseñadores y primeras marcas, así como varias zonas de restauración.

💙 **4 Tiffany & Co.** - **D4** - *727 5th Ave. (esquina con W. 57th St.)* - *✆ (888) 546-5188 - www.tiffany.com - todos los días.* La legendaria joyería, famosa por Audrey Hepburn en *Desayuno con diamantes,* es una visita obligada por el simple placer de conocerla (también hay pequeñas joyas de plata, como el famoso corazón grabado).

Upper East Side

25 Brooks Brothers – **E3** - *1180 Madison Ave.* - Ⓜ *86th* - *(212) 289-5027* - *www.brooksbrothers.com* - *todos los días.* El sastre chic, que ha recibido desde los presidentes americanos a los actores de los 50 y los hombres de negocios de hoy. Camisas a medida o a media medida, trajes, corbatas, etc.

29 Bloomingdale's - **D4** - *1000 3rd Ave. y 59th St. - angle Lexington Ave.* - Ⓜ *59th St.* - *(212) 705-2000* - *www.bloomingdales.com* - *todos los días.* Uno de los grandes almacenes más populares.

7 Trader Joe's - **D4** - *405 E. 59th St.* - Ⓜ *59th St.* - *(212) 935-3870* - *www.traderjoes.com/home* - *todos los días.* El supermercado más bonito de la cadena ecológica Trader Joe's en todo Nueva York, bajo los arcos del Queensboro Bridge.

Brooklyn - DUMBO

Plano del barrio pág. 98

40 Brooklyn Flea - **C8** - *80 Pearl St.* - *brooklynflea.com* - *sá. y do. de 10:00 a 17:00 h.* - *cerrado en invierno.* Este mercadillo refleja el espíritu bohemio y moderno de Brooklyn: ropa *vintage*, muebles hechos con materiales reciclados, joyería hecha a mano, etc. Y camiones de comida para picar entre compra y compra.

Brooklyn - Williamsburg y Bushwick

37 El Closet - **E7** - *74 Guernsey Guernsey - Williamsburg* - Ⓜ *Nassau Ave.* - *(718) 486-0816 - beaconscloset.com* - *todos los días.* Una tienda de segunda mano donde puedes hacerte con ropa y accesorios *vintage* por un puñado de dólares (bolsos de piel Coach a precios irrisorios). Otras dos tiendas en Brooklyn.

38 Space Ninety 8 - **E7** - *98 Norte 6th St.* - *Williamsburg* - Ⓜ *Bedford Ave.* - *(718) 599-0209* - *www.urbanoutfitters.com* - *todos los días.* La *concept store* de la marca Urban Outfitters ocupa un almacén de hierro fundido con paredes de ladrillo. En varios niveles, vinilos, objetos pop y camisetas estampadas reflejan el espíritu de Williamsburg.

❤ 9 L Train Vintage - **G8** - *1 St. Nicholas Ave. - Bushwick* - Ⓜ *Jefferson St. - www.ltrainvintagenyc.com* - *todos los días.* Ubicada en un enorme almacén cubierto de frescos del arte callejero característico del barrio, es una de las mejores tiendas *vintage* de la zona. Las estanterías están organizadas y los precios están bien. Gangas en el departamento de vaqueros.

43 Urban Jungle - **F8** - *118 Knickerbocker Ave. - Bushwick* - Ⓜ *Morgan Ave. - www.ltrainvintagenyc.com* - *todos los días.* Impresionante oferta a buen precio en esta tienda de segunda mano, frecuentada por jóvenes hipsters en busca de hallazgos de los 80. En la misma casa que L Train.

12 Faherty - **D7** - *252 Wythe Ave.* - *Williamsburg* - Ⓜ *Bedford Ave.* - *(929) 577-4844 - fahertybrand.com* - *todos los días.* Una marca de ropa para hombre y mujer creada en Nueva York por dos hermanos gemelos, con un estilo «playero de la Costa Este» fresco y moderno.

Salir por la noche

En Manhattan, desde **Chelsea a Downtown** se encuentran los locales nocturnos más animados. Hay para todos los gustos. Visita las **27th y 28th Streets** entre la 10th y 11th Avenues, pero también **Meatpacking District** y **Greenwich Village** se han convertido en las guaridas de los clubes de moda. Cuidado, los clubes abren o cambian de nombre y pasan de moda con la misma rapidez. West Midtown, con **Broadway** y **Times Square** es el distrito de los teatros. **Upper West Side** es una visita obligada para salas de conciertos y espectáculos de calidad (☉ *Lincoln Center pág. 85*). Al norte, **Harlem** es el hogar del jazz, el blues y los ritmos afro. Aquí también se puede disfrutar de una experiencia inolvidable asistiendo a una auténtica misa gospel. Dura alrededor de una hora, alternando sermones y cantos. Por último, pero no por ello menos importante, **Brooklyn** es propiamente un destino nocturno, con sus bares de moda, junto con los clubes de **Williamsburg** y las extravagantes noches de **Bushwick**.

Periódicos (online) - *New York Magazine*, *Time Out New York* y *The Village Voice* hacen listas de conciertos, espectáculos y películas.

Quioscos TKTS - *Times Square (West 47th St. entre Broadway y 7th Ave.), de 15:00 a 20:00 h, mi., ju. y fines de semana desde las 11:00 h, y Lincoln Center (61 W. 62nd St.), de 11:00 a 18:00 h - llega mínimo con 30 min de antelación - www.tdf.org/discount-ticket-programs.* Las entradas para espectáculos se venden un 25-50 % más baratas, para funciones de ese día o del día siguiente.

☉ **Encuentra las direcciones en nuestros planos gracias a los puntos numerados (pág. ej. ❶). Las coordenadas en rojo (pág. ej. C2) remiten al mapa extraíble (en el interior de la cubierta).**

SoHo

Plano del barrio pág. 31

❶ SOB's (Sound of Brasil) - **B6** - *204 Varick St. - cerca de de Houston St. -* Ⓜ *Houston St. - ✆ (212) 243-4940 - sobs.com - horario según programación.* Ambiente cálido e iluminación tenue, conciertos todas las noches: salsa, samba, reggae o hip-hopág.

❶⁹ Macao - **B7** - *311 Church St. -* Ⓜ *Canal St. - ✆ (212) 431-8642 - www.macaonyc.com - de 17:00 a 4:00, ma. y mi. hasta las 2:00, do. y lu. hasta las*

0:00 h. Un antiguo bar de opio que entusiasma a todo Nueva York. No dejes que el exterior te engañe: la opulenta decoración china, el ambiente eléctrico y los cócteles inventivos te conquistarán.

Lower East Side

Plano del barrio pág. 36

❤ ❷ The Slipper Room - **C7** - *167 Orchard St. -* Ⓜ *2nd Ave. - ✆ (212) 253-7246 - www.slipperroom.com.* «Mon truc en plumes», versión drag-queen. He aquí un bar-cabaret neoburlesco donde homosexuales y heterosexuales se codean en un festival de purpurina lleno de humor y sin provocaciones.

3 **Bowery Ballroom** - **B7** - *6 Delancey St. - Ⓜ Bowery - ℘ (212) 260-4700 - www.mercuryeastpresents.co.* Una de las mejores salas de conciertos de Nueva York, donde actúan tanto las bandas de rock más conocidas como nuevos talentos.

Greenwich Village

Plano del barrio pág. 41

♥ **5** **Village Vanguard** - **B6** - *178 7th Ave. - cerca de 11th St. - Ⓜ 14 St. - ℘ (212) 255-4037 - villagevanguard. com - desde las 19:00 h.* Uno de los clubes de jazz legendarios de Nueva York, desde 1935. Aunque el programa es clásico y los turistas numerosos, la calidad es buena y los artistas son famosos, desde que Sonny Rollins grabó allí *A Night at the Village Vanguard* en 1957. Reserva online y llega pronto, ya que es por orden de llegada.

24 **Smalls Jazz Club** - **B6** - *183 W. 10th St. - cerca de 7th Ave. - Ⓜ Christopher St. - ℘ (646) 476-4346 - www.smallslive. com - desde las 19:00 h.* Un excelente programa de jazz en este pequeño club sin pretensiones. Tres sets por noche *(25/40 $).*

22 **Café Wha?** - **B6** - *115 McDougal St. - entre Bleecker y West 3rd St - Ⓜ 9th St. - ℘ (212) 254-3706 - www.cafewha. com - todos los días excepto do. y lu. desde las 18:00 h (ma. desde las 19:30 h).* Inaugurado en los años 50, vio debutar a Bob Dylan (con una primera entrada estimada en 16 $), Jimmy Hendrix, Janis Joplin y muchos otros. Los poetas de la Generación Beat, incluido Ginsberg, recitaron allí sus poemas, y los más grandes cómicos estadounidenses actuaron en él. El Café Wha sigue siendo una cita obligada para los nuevos talentos.

Chelsea - Meatpacking District

Plano del barrio pág. 41

4 **Le Bain** - **B6** - *444 W. 13th St. - Ⓜ 8th Ave/ 14th St. - ℘ (212) 645-4646 - www.lebainnewyork.com - de 16:00 (desde las 14:00 h de vi a do.) a 4:00 h (hasta las 0:00 h do. y lu.).* Una de las discotecas más de moda de Manhattan, situada en la azotea del Standard Hotel. Funciona como bar en la azotea por la tarde antes de convertirse en una fiesta de baile por la noche. La entrada es selectiva, pero el panorama es grandioso y el ambiente exclusivo. Incluso hay una piscina.

East Village - NoHo

8 **Joe's Pub** - **C6** - *425 Lafayette St. - entre East 4th St. y Astor Pl. - Ⓜ Astor Pl. - ℘ (212) 539-8778 - www. publictheater.org - desde las 18:00 h.* Un cabaret con una acústica impecable para conciertos eclécticos (jazz, fusión, world, blues, pop y rock). Alice Coltrane, Norah Jones, Hawksley Workman, Jamie Cullum y Gad Elmaleh han actuado allí.

West Midtown

♥ **10** **Sony Hall** - **C4** - *235 West 46th St. - Ⓜ 50th St. - ℘ (212) 997-5123 - www.sonyhall. com.* Este hermoso teatro es sin duda uno de los secretos mejor guardados de Midtown. Situado en los terrenos del Hotel Paramount, antaño se conocía como Diamond Horseshoe y presentaba espectáculos de burlesque y vodevil. Hoy se celebran aquí conciertos de todos los estilos.

Upper West Side

11 Beacon Theater – C3 - *2124 Broadway - entre 74th St. y 75th St. - M 72nd St. - ℘ (212) 465-6500 - www.msg.com/beacon-theatre.* ¡Una institución desde 1928! Por este modesto local Art Déco han pasado los más grandes, ¡desde Bob Dylan hasta Tina Turner!

Harlem

❤️ **6 Minton's Playhouse - E2** - *206 W. 118th St. (esquina St. Nicholas Ave.) - ℘ (212) 243-2222 - www.mintonsnyc.com - de 19:00 a 3:00 h, y brunch los do. de 12:00 a 15:00 h - cerrado lu. y ma. - entrada variable (gratis para las jams), bebidas obligatorias o cena 40/60 $.* Este legendario club, fundado en 1938 por el saxofonista Henry Minton, fue la cuna del *bebop* y de gigantes del jazz como Dizzy Gillespie, Charlie Parker, Billie Holiday, John Coltrane y Louis Armstrong. Hoy sigue siendo un gran cartel, en un ambiente íntimo y chic.

12 Apollo Theatre - E1 - *253 West 125th St. - M 125th St. - ℘ (212) 531-5300 - www.apollotheater.org.* La legendaria sala de jazz, R&B y soul. Los famosos conciertos Amateur Night de los miércoles son una buena forma de descubrir nuevos talentos.

😊 **Música gospel en las iglesias de Harlem:** la comunidad negra es profundamente religiosa, y los servicios de gospel de los domingos por la mañana (normalmente a las 9:00 y las 11:00 h) son imprescindibles. Algunas iglesias baptistas aceptan un número limitado de turistas, normalmente en el balcón, pero conviene llegar pronto. Vístete decentemente y lleva algo de cambio para la colecta.

13 Canaan Baptist Church - E2 - *132 West 116th St. - cerca de de Adam Clayton Blvd - M 116th St. - ℘ (212) 866-0301 - www.canaanbaptistcoc.org - do. desde las 10:00 h.* Lo recomendamos por la calidad de la música gospel.

23 First Corinthian Baptist Church – E2 - *1912 Adam Clayton Blvd - angle de 116th St. - ℘ (212) 864-5976 - www.fcbcnyc.org - infórmate del horario.* Una iglesia grande y coloridamente decorada. ¡La música conmueve y la predicación es hipnótica!

Brooklyn - Williamsburg

15 Brooklyn Bowl - E7 - *61 Wythe Ave. - M Nassau Ave. - ℘ (718) 963-3369 - www.brooklynbowl.com - desde las 18.00 h, fines de semana desde las 11:00 h - cerrado lu. y ma.* Además de las dieciséis pistas de bolos *(30 $ / 30 min, zapatos 6 $)* este club dispone de una sala de conciertos. Noches temáticas, DJs, conciertos de rock. Un local ecléctico para vivir una experiencia original.

16 Union Pool - E7 - *484 Union Ave. - M Lorimer St. - ℘ (718) 609-0484 - www.union-pool.com - de 16:00 a 2:00 h, vi. hasta las 4:00 h, sá. de 14:00 a 4:00 h, do. de 14:00 a 2:00 h.* A la vez bar y sala de conciertos, este clásico de Williamsburg nunca pasa de moda. También cuenta con un gran jardín iluminado con oropeles, donde podrás aprovisionarte de comida mexicana en el Taco Truck El Diablo.

Dónde dormir

Es lo más importante de tu presupuesto. **Los precios varían** según la temporada y la afluencia de turistas. No olvides añadir impuestos y propinas (☞ *págs. 139 y 140)*. Puedes reservar directamente a través de páginas web de alojamiento, u optar por un paquete «vuelo + hotel» *low cost*. Si te gusta salir, opta por las zonas entre Canal St. y la 30th St. y West Midtown. El Lower Manhattan se vacía por la noche. Algunos hoteles de las zonas turísticas cobran una **Destination Fee** que incluye wifi y acceso al gimnasio. A menos que se indique lo contrario, el **desayuno** (🛏) es adicional al precio de la habitación, como en la mayor parte de los Estados Unidos. Lo mejor es tomarlo fuera, en uno de los numerosos cafés y restaurantes.

☞ **Encuentra las direcciones en el mapa extraíble (en el interior de la cubierta) gracias a los puntos numerados (pág. ej. ❶). Las coordenadas en rojo (pág. ej. D2) se refieren a este mismo plano.**

Lower Manhattan

Plano del barrio págs. 16-17

Más de 300 $

③② Dorar Hall, a Thompson Hotel - **B8** - *15 Gold St.* - Ⓜ *Fulton St.* - ✆ *(212) 232-7700 - www.hyatt.com -* ✘ *- 130 hab. 245/895 $*. En el corazón del histórico distrito financiero, confort, encanto y acogedora elegancia a lo Ralph Lauren, con materiales masculinos y muebles de mediados de siglo. Bar de vinos y buen restaurante italiano.

TriBeCa

Plano del barrio pág. 31

De 180 a 500 $

③⑦ Walker Hotel Tribeca – **B7** - *77 Walker St.* - Ⓜ *Canal St.* - ✆ *(212) 735-8000 - www.walkerhotels. com -* ✘ *- 212/622 $* 🛏. Un hotel bien situado en un edificio antiguo con un ambiente relajado y bohemio. Las

habitaciones son íntimas, pequeñas y minimalistas. La cafetería, la recepción y el restaurante ocupan la agradable y relajante planta baja. Música en directo los martes, con un club en el sótano y una bonita azotea.

Más de 1000 $

③① The Greenwich Hotel – **A7** - *377 Greenwich St.* - Ⓜ *Franklin St.* - ✆ *(212) 941-8900 - www. thegreenwichhotel.com -* ✘🛏 *- 88 hab. y suites 1200/1400 $* 🛏. Este es el verdadero golpe de efecto de nuestra selección. Un marco exclusivo, que combina elegancia y sobriedad. Los asiduos y neoyorquinos conocen bien esta dirección, copropiedad de Robert de Niro. Una atmósfera envolvente de lujo y salones íntimos, habitaciones confortables, una magnífica piscina y un spa zen. El mayor riesgo es acostumbrarse a este remanso de paz (restaurante *Locanda Verde* ☞ *pág. 106*).

SoHo

Plano del barrio pág. 31

De 300 a 500 $

17 **Hotel Hugo** - **A7** - *525 Greenwich St. -* Ⓜ *Spring St. - 🖉 (855) 516-9183 - www.hotelhugony.com - ✕ - 🅿 de pago - ♿ - 122 hab. 227/1 100 $ - ☕ 16 $.* Enclavado en un tranquilo rincón del SoHo, este hermoso y confidencial hotel recuerda a un crucero de lujo. Carpintería lacada, líneas depuradas, decoración sobria y elegante. Magnífica terraza Azul *on the Rooftop.*

Más de 700 $

8 **The Mercer** - **B7** - *147 Mercer St. - esquina Prince St. -* Ⓜ *Prince St.- 🖉 (212) 966-6060 - mercerhotel.com -* ✕ *- 🅿 de pago - ♿ - 75 hab. 801/916 $.* Mini-lofts pulcramente decorados por Christian Liaigre y un servicio impecable: ¡¡imprescindible!!

Lower East Side

Plano del barrio pág. 36

De 300 a 500 $

11 **CitizenM Bowery** - **B7** - *189 Bowery -* Ⓜ *Bowery - 🖉 (212) 372-7274 - www. citizenm.com - 300 hab. 404/1 400 $.* Un concepto de hotel urbano de moda con acogedoras zonas comunes de diseño popág. Está estratégicamente situado entre Chinatown, SoHo y NoLita, ideal para explorarlos a pie y salir de noche. Aunque pequeñas, las habitaciones son ergonómicas, muy cómodas y ultraconectadas, algunas con preciosas vistas. Sube las escaleras para descubrir un museo de arte callejero de veinte plantas. En la 19, la fabulosa azotea *cloudM.*

9 **Off Soho Suites Hotel** - **B7** - *11 Rivington St. -* Ⓜ *Bowery - 🖉 (212) 979-9815 - www.offsoho. com - ♿ - 38 estudios y apartamentos (2-4 pers.) 273/1 000 $.* Una forma relativamente económica de alojarse en pisos con cocina y gimnasio. Segunda dirección en el East Village.

Greenwich Village

Plano del barrio pág. 41

De 200 a 500 $

14 **Walker Hotel Greenwich Village** - **B6** - *52 West 13th St. -* Ⓜ *14th St. - 🖉 (212) 375-1300 - www.walkerhotels.com - 🅿 de pago - 113 hab. 325/979 $ - ☕ - ✕ platos 26/31 $.* Bonito hotel boutique Art Déco con un agradable vestíbulo. Habitaciones elegantes con decoración retro, algunas con preciosas vistas del Village, el SoHo y el Downtown. *Brunch* o cena en el Society Cafe.

❤ **18** **The Marlton Hotel** – **B6** – *5 West 8th St. -* Ⓜ *9th St. - 🖉 (212) 321-0100 - www.marltonhotel.com - 112 hab. 295/869 $ - ☕ - ✕.* Encantadora dirección típica del Village, en un edificio histórico. Antaño refugio de artistas, el hotel ha acogido a Jack Kerouac y Julie Andrews, y sigue atrayendo a una clientela de moda. Las habitaciones son más bien pequeñas, pero decoradas con gusto, con molduras y parquet.

East Village - NoHo

De 350 a 500 $

29 **Hotel on Rivington** - **Plano del barrio pág. 36** - **C7** - *107 Rivington St. -* Ⓜ *Delancey St./Essex St. - 🖉 (212) 475-2600 - www.hotelonrivington.com - ✕ -*

Annie Schlechter / The Bowery Hotel

The Bowery Hotel.

🅿 *de pago* - ♿ - *100 hab. 174/720 $*. Una dirección moderna y a la última. Bar y café-restaurante muy populares entre los neoyorquinos los fines de semana. Las contemporáneas habitaciones ofrecen vistas del Lower East Side, el *skyline* del Downtown y el del Midtown.

De 500 a 800 $

❤ ② **El Bowery Hotel** - **C7** - *335 Bowery* - Ⓜ *Bleecker St.* - ℰ *(212) 505-9100* - *www.thebowery hotel.com* - 🅿 *de pago* - ♿ - *135 hab. 527/835 $*. Todo el encanto de la Vieja Europa se reúne en este hotel confidencial, popular entre las estrellas de cine que buscan discreción. Algunas habitaciones tienen terraza con vistas a la ciudad. Delicioso restaurante italiano con decoración pintoresca, Gemma.

Chelsea - Meatpacking District

De 200 a 400 $

⑯ **Chelsea Savoy** – **B5** - *204 West 23ʳᵈ St.* - Ⓜ *23ʳᵈ St.* - ℰ *(212) 929-9353* - *www.chelseasavoynyc.com* - ♿ - *98 hab. 245/275 $*. Situado cerca del transporte público, un hotel cómodo, bastante impersonal pero bien equipado. Las habitaciones de los primeros pisos, del lado de la calle, pueden ser ruidosas.

㉗ **Fairfield Inn & Suites New York** – **C5** - *116 West 28ᵗʰ St.* - esquina de Ave. of the Americas - Ⓜ *28ᵗʰ St.* - ℰ *(212) 206-0998* - *www.fairfield.marriott.com* - 🅿 *de pago* - ♿ - *110 hab. 197/894 $* 🍽. Un hotel excelente, particularmente bien situado. Las habitaciones son de buen tamaño, limpias y decoradas con sencillez, con muebles de madera, y el desayuno es copioso.

De 300 a 700 $

❤️ **35** **The Chelsea Hotel** – **B6** - *226 W. 23rd St. -* Ⓜ *23rd St. -* ✆ *(212) 483-1010 - www.hotelchelsea.com - 200 hab. 394/675 $* ¿Quién no ha soñado alguna vez con dormir en este legendario hotel, refugio de los más grandes escritores y artistas? Por fin se ha terminado la restauración, que ha devuelto al hotel su garbo sin perder un ápice de su carácter bohemio y chic. Algunas de las exquisitas habitaciones tienen su propio balcón de hierro forjado. Un suntuoso bar y restaurante español con una decoración centenaria, magníficamente presentada (✆ *pág. 116*). Un lugar único para una clientela con estilo.

Madison Square

De 300 a 600 $

4 **The Evelyn** - **C5** - *7 East 27th St. (entre Madison y 5th Ave.) -* Ⓜ *28th St. -* ✆ *(212) 453-4040 - www.theevelyn.com -* ✖️ *-* 🅿️ *de pago -* ♿ *- 159 hab. 223/1100 $* 🖥️. La flamante fachada y la colorida decoración son una de las bazas de este hotel, que atrae a muchos jóvenes artistas y profesionales de la moda.

5 **Ace Hotel** - **C5** - *20 West 29th St. -* Ⓜ *28th St. -* ✆ *(212) 679-2222 - www.acehotel. com/new-york -* ✖️ *- 250 hab. 278/726 $*. Este establecimiento de moda en el barrio de NoMad atrae a una clientela chic, tanto artistas como viajeros. Decoración retro y extravagante, habitaciones con un estilo de hormigón crudo, muebles reciclados y accesorios funky: discos de vinilo y tocadiscos, neveras Smeg, guitarras... Bar y cafetería gestionados por los tostadores de café Stumptown.

West Midtown

De 250 a 500 $

33 **Margaritaville Resort Times Square** - **C5** - *560 7th Ave. -* Ⓜ *Times Sq./42nd St. -* ✆ *(212) 221-3007 - www. margaritavilleresorts.com - 235 hab. 223/775 $*. Inesperado en Times Square, un resort tropical en un edificio de treinta plantas con piscina exterior, tiki bar polinesio y ichancla gigante a la entrada! Pequeñas pero tranquilas, con sus toques turquesa sobre fondo blanco, las habitaciones tienen un estilo típicamente caribeño de Key West (ropa de cama excepcional). Las de los pisos superiores tienen vistas a Hudson Yards o Times Square.

23 **Ameritania at Times Square** - **C4** - *230 West 54th St. -* Ⓜ *7th Ave. -* ✆ *(212) 247-5000 -* ✖️ *- www.ameritanianyc. com - 219 hab. 192/658 $*. Este bonito hotel boutique alterna el diseño contemporáneo con una colorida decoración retro. Las habitaciones son cálidas y confortables, pero varían en tamaño. A un tiro de piedra del Rockefeller Center y del Carnegie Hall.

28 **RIU Plaza Nueva York Times Square** - **C4** - *305 West 46th St. -* Ⓜ *49th St. -* ✆ *(646) 864-1100 - www.riu.com - 647 hab. 254/713 $*. Rascacielos de veintinueve plantas cerca de Times Square y los teatros de Broadway. Estilo contemporáneo, habitaciones agradables y funcionales.

East Midtown

De 300 a 500 $

❤️ **6** **Library Hotel** - **C5** - *299 Madison Ave. -* Ⓜ *Grand Central -* ✆ *(212) 983-4500 - www.libraryhotel.*

com - ✕ ⚕ - 60 hab. 296/606 $.
Elegante, cálido, tranquilo y repleto de
libros (¡más de 6 000!), un guiño a la
NY Public Library que está enfrente.
Magnífica terraza.

Upper East Side

Más de 600 $

❤ 25 **Loews Regency** – **D4** -
540 Park Ave. - Ⓜ *Lexington Ave. -*
☎ *(212) 759-4100 - www.loewshotels.
com -* Ⓟ *de pago -* ⚕ *- 379 hab. y
58 suites, 611/1100 $* ☕. Uno de los
mejores de su categoría, cerca de
Central Park y del Met. Habitaciones
amplias y luminosas, restaurante
popular, gimnasio, spa y peluquería
de renombre, donde se agolpa todo
Manhattan.

Upper West Side

De 400 a 500 $

❤ 21 **Hotel Beacon** - **C3** - *2130
Broadway - esquina con 75th St. -*
Ⓜ *72th St. -* ☎ *(212) 787-1100 - www.
beaconhotel.com -* Ⓟ *de pago -* ⚕ *-
278 hab. y suites 252/831 $ -* ☕ *35 $.*
Una apuesta segura, acogedora y
cálida, cerca del American Museum of
Natural History y de Central Park. Las
habitaciones y suites están equipadas
con salón y cocina americana. ¡Ideal
para familias!

Brooklyn - DUMBO

Plano del barrio pág. 98

De 500 a 800 $

❤ 22 **1 Hotel Brooklyn Bridge** - **B8** -
60 Furman St. - ☎ *(347) 696-2500 -
www.1hotels.com/brooklyn-bridge -*

✕ 🛋 ⚕ *- 194 hab. 419/1 200 $.* A orillas
del East River, este hotel de lujo eco-
responsable combina hormigón en
bruto, madera, materiales reciclados
y un entorno verde. Para el paladar, el
restaurante The Osprey sirve cocina de
la granja a la mesa. Pero el verdadero
plus es el antológico rooftop, con su
bar, piscina y vistas panorámicas sobre
el Puente de Brooklyn, el centro de
Manhattan y la Estatua de la Libertad.

Brooklyn - Williamsburg

De 250 a 500 $

36 **Moxy Brooklyn Williamsburg** –
D8 - *353 Bedford Ave. -* Ⓜ. *Marcy Ave. -*
☎ *(718) 782-6699 - www.marriott.fr -
216 hab. 185/1000 $.* Diseño original,
habitaciones compactas bien
estudiadas, festivo restaurante israelí
inspirado en la Bauhaus de Tel Aviv,
discoteca e increíble azotea con
mobiliario aborigen, cocina fusión
asiática y vistas insólitas de Williamsburg
Bridge, su metro y el *skyline*.

13 **The Hoxton** – **E7** - *97 Wythe Ave. -*
Ⓜ *Bedford Ave. -* ☎ *(718) 215-7100 -
www.thehoxton.com -* ✕ *- 175 hab.
y suites 255/737 $ -* ☕ *30 $.* Ultra
de moda y cultivando el refinado
estilo histórico-industrial típico de
Brooklyn. Habitaciones con vistas y dos
restaurantes, incluido un rooftop con
vistas panorámicas.

INFORMACIÓN PRÁCTICA

El transbordador de Staten Island frente a la Estatua de la Libertad.
FrankvandenBergh/Getty Images Plus

Planificar el viaje

Trámites de entrada

🙂 Los trámites para entrar en Estados Unidos cambian con regularidad, así que no dejes de consultarlos en la página web de la embajada estadounidense **(en.usembassy.gov)** o de la oficina de turismo de Estados Unidos:https://visitusa-spain.com/. Consulta también las páginas web de consejos de viaje de tu país: en el caso de hacerlo desde España: www.exteriores.gob.es.

Documentos de identidad - Para entrar en Estados Unidos sin visado, necesitas un **pasaporte biométrico**. De lo contrario, deberás obtener un visado.

Asegúrate de comprobar tus documentos de identidad **ANTES de reservar tu viaje:** si no son conformes o te exigen obtener un visado, tendrás que prever largos retrasos, incluida una cita en persona en la embajada de Estados Unidos en Madrid.

Visado - https://es.usembassy.gov/es/visados/.

Si tienes un pasaporte homologado, los ciudadanos españoles y andorranos no necesitan visado para viajes de turismo, negocios o tránsito de menos de 90 días. Sí se exige para estancias temporales por motivos de estudios o trabajo. También se exige visado si has viajado a los siguientes países desde marzo de 2011: **Irán, Irak, Libia, Somalia, Sudán, Siria y Yemen**.

Esta - Los viajeros que no necesiten visado deberán, no obstante, disponer de un billete de avión o de crucero de ida y vuelta y rellenar, a más tardar 72 h antes de la salida, una **solicitud electrónica de autorización de viaje (Esta)**. Accede a la página web de la embajada para cumplimentar este formulario, que cuesta 21 $ y tiene una validez de 2 años.

Página web oficial - esta.cbp.dhs.gov. Ten en cuenta que si has viajado a **Cuba** desde el 12 de enero de 2021, deberás solicitar un visado (aunque hayas renovado tu pasaporte desde entonces). Si viajaste a Cuba antes de esa fecha, solicita un Esta respondiendo «sí» a la pregunta sobre Cuba, y tu caso será considerado.

Aduanas - Tus **dispositivos electrónicos** (ordenador, teléfono móvil, tableta, etc.) no deben descargarse. La carne, los productos vegetales y los objetos peligrosos (cuchillos, tijeras, cerillas, etc.) están prohibidos en el equipaje de mano, pero autorizados en la bodega. Los mecheros están prohibidos en ambos casos. La legislación autoriza la **importación** de 1 litro de alcohol por persona mayor de veintiún años, 200 cigarrillos o 50 puros, así como cualquier regalo cuyo valor no supere los 100 $.

Planificar el viaje

Para saber más sobre los **aeropuertos**, consulta «Llegar a Nueva York» (📍 *pág. 3*).

Aerolíneas regulares y de bajo coste

Air France - www.airfrance.es
American Airlines - www.americanairlines.es
Delta Airlines - www.delta.com
KLM - www.klm.es
Iberia - www.iberia.com
Finnair - www.finnair.com
Lufthansa - www.lufthansa.com
Virgin Atlantic - www.virginatlantic.com

Dinero

El **dólar** ($) se divide en 100 **céntimos**. Billetes de 1, 5, 10, 50 y 100 $, monedas de 1, 5, 10, 25 y 50 céntimos. Un dime son 10 cents y un quarter son 25 cents.
Tipo de cambio: aproximadamente 1 $ por 0,92 euros (mediados de 2024).
Tarjetas de crédito - Aceptadas, sin umbral de pago. El tipo de cambio es el del día de la transacción, más una comisión.
Cajeros automáticos (ATM) - Se encuentran en todas partes, aplican el tipo de cambio en el momento de la transacción, más una comisión a tanto alzado.

Seguros

No olvides contratar un seguro médico, ya que los costes pueden aumentar muy rápidamente. Los operadores turísticos suelen ofrecer un seguro a todo riesgo. También debes consultar a tu mutua y a tu banco, ya que algunas tarjetas bancarias ofrecen cobertura en el extranjero. Solicita información sobre los trámites y formularios que tienes que cumplimentar en caso de enfermedad o accidente.

Clima

Nueva York tiene un clima continental templado, más bien húmedo, caracterizado por una gran amplitud térmica.
Verano - Las temperaturas medias rondan los 30 °C durante el día y algo menos de 20 °C por la noche.
Invierno - Frío y húmedo, con algunos días soleados. De diciembre a febrero, las temperaturas pueden descender por debajo de 0 °C. El invierno solo es realmente duro cuando hay ventiscas.
Primavera y otoño - Suaves, entre 15 y 25 °C. La transición de mayo a junio es de lo más agradable. El otoño, con sus colores, marca el inicio de la temporada cultural y festiva (Halloween, Acción de Gracias).
Precipitaciones - Están repartidas a lo largo del año, así que trae un paraguas.

Para más información

Información turística

Visita el **USA Committee** - ✆ 0 899 70 24 70 (3 €/llamada) - https://visitusa-spain.com/. Oficina de Turismo de Estados Unidos en España.
Página oficial de Nueva York (NYC Tourism + Conventions) - www.nyctourism.com.
Official NYC Information Center at Macy's Herald Square - 151 W. 34th St. - de lu. a sá. de 10:00 a 22:00 h, do. hasta las 21:00 h.
Restaurantes, agenda cultural - www.timeout.com/newyork, www.nymag.com, www.nytimes.com, www.villagevoice.com.

Tu estancia de la A a la Z

Aseos
Hay pocos aseos públicos *(rest room)*. Los encontrarás en parques y algunas tiendas.

Bancos
La red bancaria cuenta con numerosos cajeros automáticos.
☞ *«Dinero», pág. 137 y «Horarios»*, más adelante.

Barco
☞ *«Transporte público / Barco», pág. 142*

Bicicleta
La bicicleta puede ser peligrosa en el ajetreado tráfico de la ciudad: los menos aventureros deberían utilizarla solo en los parques.
Siguiendo el ejemplo de muchas otras grandes ciudades del mundo, Nueva York ha introducido un sistema de alquiler de bicicletas por trayectos de 30 min (4,80 $) o por días (19 $, también para trayectos de 30 min). Para saber cómo utilizar **Citi Bike** y dónde encontrar las numerosas estaciones de la ciudad, visita **www. citibikenyc.com** (o las aplicaciones CitiBike o Lyft).

Buenos modales
Los estadounidenses se dan la mano y se abrazan (no se besan). En público, las efusiones amorosas siguen siendo discretas. Se saluda con un «Hello!» o «Hi!». En los restaurantes, los comensales comparten la cuenta. Si te invitan, paga la propina. La ropa desaliñada está mal vista por la noche. Evita fumar cuando estés invitado en casa de alguien, a menos que tu anfitrión te lo sugiera. Cuidado con los temas controvertidos (religión, política). Si tienes que hacer cola, no intentes colarte. Y en una tienda o en correos, espera a que alguien te llame (el dependiente gritará «Next!»).

Comida
En Nueva York se puede comer a cualquier hora: un copioso desayuno *(breakfast)* a partir de las 7 de la mañana y un almuerzo ligero *(brunch)* sobre la marcha, siendo la cena *(dinner)* la comida principal del día (de 17:00 a 22:00 o 23:00 h). Los fines de semana, el **brunch** se sirve como desayuno y almuerzo (entre las 10:00 y las 16:00 h). De los pequeños puestos de pretzels o perritos calientes, los establecimientos de comida rápida o los *street food* (indios o mexicanos, por menos de 20 $), pasamos a los **restaurantes**, divididos en cuatro categorías: restaurantes étnicos, cocina popular americana, direcciones de moda y restaurantes gourmet (por más de 100 $). Por 35-40 $, hay opciones de menú *Early Bird* o *Pre-Theatre Menu* que se sirven a primera hora de la tarde, entre las 17:00 y las 19:00 o 19:30 h. Las **bebidas** son caras, sobre todo los vinos, que se sirven por copas (entre 12 y 20 $), pero rara vez en el recipiente adecuado. No olvides añadir los

impuestos (8,875%) y la propina (15-20%). Cuando entres en un restaurante, espera a que te sienten. Al salir, puedes llevarte las sobras o la botella.

La mayoría de las **tiendas de comestibles** tienen una sección de autoservicio que ofrece ensaladas o platos calientes, a veces al peso.

⌔ *«Propinas», pág. 139 y «Nuestras direcciones/Dónde comer», pág. 104.*

Consulados

Consulado General de España en Nueva York - 150 East 58th Street, 30th floor Nueva York, NY 10155 - ℘ +1 212 355 4080.

Correos

Tasa del sello: 1,55 $ por tarjeta postal o carta (28 g máximo). El plazo de entrega en Europa es de una semana.

Días festivos

New Year's Day: 1º de enero.
Martin Luther King Jr.'s Birthday: 3er lunes de enero.
Presidents Day: 3er lunes de febrero.
Memorial Day: último lunes de mayo.
Independence Day: 4 de julio.
Labor Day: 1er lunes de septiembre.
Columbus Day: 2º lunes de octubre.
Veterans Day: 11 de noviembre.
Thanksgiving Day: 4º jueves de noviembre.
Christmas Day: 25 de diciembre.

Diferencia horaria

Nueva York está en la hora estándar del Este (EST), **6 h** por delante de Madrid: cuando es mediodía en la España peninsular, son las 6 de la mañana al otro lado del Atlántico.

El **horario de verano** cambia el primer domingo de abril, y el de **invierno**, el último domingo de octubre. La hora solo se numera del 0 al 12, seguido de «am» (*ante meridiem*) por la mañana y «pm» (*post meridiem*) por la tarde.

Electricidad

Los enchufes americanos son diferentes de los españoles: se venden adaptadores en los aeropuertos. Corriente de 110 voltios.

Consejos de viaje

Ten los reflejos adecuados antes de partir. En la página web del **Ministerio de Asuntos Exteriores**:
▶ Consulta las **Recomendaciones de viaje** para preparar tu viaje (riesgos de seguridad, trámites de residencia, requisitos sanitarios, legislación local, etc.) en www.exteriores.gob.es/es.
▶ Inscríbete en el **Registro de viajeros** desde la página del ministerio. Es una herramienta completamente gratuita, cuya finalidad es que las autoridades españolas puedan localizar o contactar, si es posible, a los viajeros españoles inscritos en caso de emergencia grave (desastre natural, conflicto armado, etc.). Cada año lo usan millones de viajeros.

Horarios

Tiendas - De lu. a sá. de 10:00 a 19:00 h, a veces hasta las 20:00 h; la mayoría abren los domingos (sobre todo los grandes almacenes). Las tiendas de comestibles y droguerías suelen abrir

todos los días de 10:00 a 22:00 h, o más.
Farmacias - Duane Reade, muy
popular, abre las 24 h.
Oficinas de correos - De lu. a vi. de
8:30 a 18:00 h, los sá. por la mañana el
horario varía. Central Post Office (441
8th Ave.) está abierta las 24 h.
Bancos - De lu. a vi. de 9:00 a 15:30 h, a
veces los sá. hasta las 12:00 h.

Impuestos

Los precios se indican siempre sin
impuestos (incluidos en esta guía).
Los impuestos y las propinas añaden
un 25-30 % a la factura. En los hoteles,
el impuesto es del 14,75 %. Para
los restaurantes y todos los demás
productos y servicios (decoración,
alquiler de bicicletas, etc.) es del
8,875 %. La ropa no se grava por
debajo de un total de 110 $.

Internet

Casi todos los restaurantes, cafés, bares,
hoteles y museos ofrecen Wi-Fi. También
puedes conectarte en parques y en el
metro. Nueva York cuenta con puntos de
conexión Wi-Fi gratuitos y ultrapotentes
en los que también puedes cargar tu
teléfono (www.link.nyc).
Planificador de rutas www.viamichelin.es

Prensa

Periódico - El *New York Times*
presenta un programa de actos todos
los viernes.
Revistas - *Time Out New York* y
New York Magazine son semanarios
de actualidad (se publican los
martes) que recogen los últimos
acontecimientos y los lugares de
moda para salir. *The New Yorker* es

famoso por la calidad de su estilo,
sus portadas ilustradas por famosos
dibujantes y su postura demócrata.

Propinas

Si pagas con tarjeta de crédito, debes
rellenar la casilla especial de *tip* o
gratuity, si lo haces en la factura en
papel, escribiendo el importe de la
propina que dejas y calculando el
total antes de firmar, o si es en el iPad,
a menudo te pedirán que elijas un
porcentaje: lo normal es entre el 15
y el 20 % de la factura. En los hoteles,
no olvides dar propina al portero (de 1
a 2 $/equipaje) y a la camarera
(de 1 a 5 $/día).

Tabaco

Está prohibido fumar en el transporte
público y en lugares públicos,
restaurantes y bares.
En farmacias, tiendas de comestibles
y quioscos se venden cigarrillos caros.
Los precios varían de un distrito a otro.

Taxi

Los míticos taxis amarillos están en
vías de desaparición, ahora integrados
en plataformas VTC como Uber y Lyft.
Sin utilizar una **app de reservas** (Uber,
Lyft o Curb), cada vez es más difícil
llamar a un taxi directamente en la calle
(están libres si su número luminoso en
el techo está encendido).
Bajada de bandera - 3 $.
Contador - 0,50 $ por cada 320 m
(0,2 millas), o 0,50 $/min parado o
muy lento.
Hora punta - De lu. a vi. de 16:00 a
20:00 h, recargo de
1 $/carrera.

Noche - de 20:00 a 16:00 h, recargo 0,50 $/carrera.
Impuesto municipal - 0,50 $/carrera.
Propina - Del 15 al 20 % extra (no es obligatorio, pero se recomienda encarecidamente).
Número máximo de pasajeros: 4.
 «Llegar a Nueva York», pág. 3.

Teléfono

Desde el extranjero a Nueva York

Para llamar a Nueva York, marca el 1 seguido del prefijo local y, a continuación, las 7 cifras del número correspondiente. Para Manhattan, el prefijo es 212, 646 ó 917. Para los demás *boroughs* (Brooklyn, Bronx, Queens y Staten Island), es el 718. Los números precedidos de 800 o 1 800 son GRATUITOS dentro de Estados Unidos. Ahora es posible utilizarlos desde el extranjero sustituyéndolos por 880 ó 881.

Desde Nueva York al extranjero

Para llamar a Europa, marca 011 seguido del prefijo del país (España 34) y, a continuación, el número correspondiente.

De Nueva York a Nueva York

Marca directamente el prefijo local seguido de las 7 cifras del número. Información: 411.
Teléfonos móviles - Para que tu móvil funcione, debe ser tribanda o cuatribanda. Antes de viajar, ponte en contacto con tu operador para conocer tus tarifas en Estados Unidos. Algunas incluyen Estados Unidos en sus paquetes sin coste adicional. También puedes comprar una tarjeta SIM americana, introducirla en tu teléfono español y recargarla con tarjetas prepago. Todos los operadores ofrecen este tipo de sistema, que se pueden comprar en tiendas de comestibles, farmacias, quioscos y tiendas de telefonía. No olvides que también pagarás por cada llamada que recibas.

Transporte público

La forma más barata y rápida de desplazarse. La red de transporte —autobús, metro y trenes de cercanías— está administrada por la MTA (Metropolitan Transportation Authority): **www.mta.info.** Los billetes se compran con el sistema de pago sin contacto **OMNY** *(One Metro NY)*, que sustituirá progresivamente a la **MetroCard**, aunque conservando más o menos el mismo principio. Ahora puedes abonar los viajes directamente desde tu smartphone o con una tarjeta de viaje «física» OMNY o MetroCard. Pide un plano de autobuses *(Bus Map)* en una estación de metro.
 Plano del metro detrás del mapa extraíble.

Billetes y precios

La **tarifa básica** es de 2,90 $.
Tanto si utilizas el sistema **OMNY** como la **Pay-Per-Ride MetroCard,** tus viajes pueden abonarse en una tarjeta virtual o física que puede recargarse a voluntad. En el valor de cada viaje se incluye un transbordo de metro y/o autobús, dentro de un límite de tiempo de 2 h.
La **Unlimited Ride MetroCard** está disponible en versiones de siete días (34 $) y treinta días (132 $): acceso ilimitado al metro y al autobús.

141

El sistema OMNY no ofrece un pase semanal o mensual, pero después de doce viajes cargados en siete días o menos, se viaja gratis el resto de la semana.

Los **niños** menores de 1,10 m no pagan en autobuses y metro (acompañados de un adulto de pago).

Metro

Cómo orientarse -Las líneas tienen un número o una letra. Para saber qué andén utilizar, mira en la **dirección** (Downtown, Uptown) o en el destino (Brooklyn). Presta atención a las señales: en algunas estaciones se asigna una entrada distinta a cada dirección, y una vez que hayas pasado con tu billete, este ya no será válido en la otra dirección si te has equivocado. Algunas líneas son ómnibus *(local)*otras son *express:* un altavoz da los detalles antes de que llegue el metro. Varias líneas pueden utilizar el mismo andén: fíjate bien en el **número** o la **letra** que aparece en la cabecera y en el lateral de los trenes. Si te equivocas de parada y pasas por el torno, tendrás que esperar 18 min antes de poder volver a utilizar tu tarjeta. Los metros circulan las **24 h**, cada 2 ó 5 min en hora punta (de 7:30 a 9:00 h y de 17:00 a 18:30h) y cada 20 min entre las 0:00 y las 6:30. Algunas estaciones cierran por la noche.

Autobús

Las líneas se identifican con un **número**. La letra que precede al número indica el *borough* al que pertenece: M para Manhattan, B para Brooklyn, Bx para Bronx, etc. En Manhattan, las líneas transversales llevan el número de la calle por la que discurren. Para bajarte en la siguiente parada (cada 2 ó 3 manzanas), pulsa los botones «Stop» o las rayas verticales amarillas entre las ventanillas. Muchas líneas funcionan las **24 h** (con frecuencia reducida por la noche). Entre las 22:00 y las 5:00 h, puedes pedir al conductor que se detenga entre dos paradas.

Si tienes una MetroCard magnética, no olvides validarla en las paradas antes de subir al autobús y recoger tu billete de prueba.

Barco

NYC Ferry

Los barcos NYC Ferry ofrecen siete itinerarios que te llevan a todos los distritos de Nueva York (Manhattan, Brooklyn, Queens, el Bronx, Staten Island y Governors Island) por el Hudson y el East River, por poco más de lo que cuesta un billete de metro.
NYC Ferry - Pier 11, 110 Wall St. - www. ferry.nyc - de lu. a vi. de 6:00 a 22:00 h, mi. de 7:00 a 22:30 h; cada 20-40 min; los horarios dependen de la línea, infórmate. - 4 $, incluidas conexiones con la red NYC Ferry en 2 h (27,50 $ por diez viajes), compra *online*, en la app o en las máquinas de cada parada - mapa y horarios en la web.

Staten Island Ferry

Para Staten Island, el ferri (las 24 h cada 30 min, gratuito, vista de la Estatua de la Libertad incluida) sale de South Ferry Battery Park (◐ pág. 25).

Visitas

Pases

La mayoría de los museos cierran los lunes y los principales días festivos.

Las entradas son caras, pero algunos museos tienen horarios de entrada gratuita (☾ *mirar detrás*).

Los **Pass** ofrecen la entrada a una selección de museos y lugares turísticos por un precio fijo. Dependiendo de las visitas que planifiques, podrás sacarles el máximo partido. El **City Pass** es el más atractivo. Es válido durante nueve días y cuesta 142 $ para un adulto y 120 $ para un niño de seis a diecisiete años. Incluye acceso al Empire State Building y al American Museum of Natural History, y otros tres museos a elegir: Museo Guggenheim, Top of the Rock, Estatua de la Libertad y Ellis Island, Crucero Circle Line, 11/9 Memorial & Museum o Intrepid Sea. El pase **C3** ofrece tres visitas entre una oferta más amplia y cuesta 101 $ (80 $ para niños de seis a doce años). Pueden adquirirse en los museos o lugares interesados, o en **www.citypass.com.**

El **New York Pass** está disponible para un día (154 $), dos días (214 $), tres días (259 $), cuatro días (299 $), cinco días (340 $), siete días (381 $) o diez días (401 $); los precios incluyen descuento si compras el pase por internet: **www. newyorkpass.com.** Asegúrate de hacer bien las cuentas, ya que es imposible verlo todo en el tiempo disponible. El pase incluye un crucero por Manhattan, todos los observatorios excepto el SUMMIT, el Museum of Natural History y numerosas visitas temáticas, visitas guiadas y atracciones, así como el acceso a los principales museos (MoMA, Guggenheim, Whitney, pero no el Met ni la Frick Collection). Descuentos en determinadas tiendas y restaurantes, y para espectáculos de Broadway. Está dirigido principalmente a familias con niños.

Visitas gratuitas

Algunos museos tienen horarios de **entrada gratuita** o una franja horaria de precio libre (política de «*pay what you wish*», ver la lista de museos en www.nyc-arts.org).

También encontrarás listas de actividades deportivas gratuitas, talleres, cursos, conciertos, espectáculos, inauguraciones, proyecciones de películas, visitas guiadas y demás en **www.nyctourism. com** y **www.timeout.com.**

Visitas guiadas

www.nyctourism.com para las referencias.

A pie y en bici

Nueva York en español - www.civitatis. com/es/nueva-york/. Esta conocida cadena de tours por el mundo ofrece diversas excursiones en español. Descubre los contrastes de Queens, el Bronx o Brooklyn.

Nueva York en bicicleta - www. nuevayork.es/tours-en-bicicleta-por-nueva-york/. Originales recorridos dirigidos por un equipo de guías en español. Ofrecen recorridos en bicicleta por Central Park y Downtown desde Brooklyn.

Big Apple Greeter - www. bigapplegreeter.org. Descubre la ciudad desde dentro con neoyorquinos voluntarios (ponte en contacto con ellos al menos con un mes de antelación). Su servicio es gratuito, pero eso no significa que no puedas invitarles a comer.

Untapped New York - untappedcities. com/tours. Visitas guiadas en inglés sobre temas culturales, históricos o culinarios. Programa en su web.

Greenwich Village Literary Pub Crawl - ✆ 917 865 4575 - www.literarypubcrawl. com - programa en su página web - 49 $ - necesario un buen nivel de inglés. Visitas a barrios siguiendo las huellas de sus famosos escritores (Jack Kerouac entre ellos), intercaladas con pausas en pubs históricos.

Joyce Gold - ✆ 212 242 5762 - joycegoldhistorytours.com - 30 $ por persona. Ofrece visitas históricas en inglés, programa en Internet.

En autobús, barco, helicóptero

Circle Line Cruises - ✆ 212 563 3200 - www.circleline.com - para 2:30 h, calcula 50 $. Minicruceros en barco por Manhattan.

Gray Line - 7778th Ave. (entre 47th y 48th Sts.) - ✆ 212 445 0848 - www.grayline. com/united-states/things-to-do-in-new-york - salidas de 9:00 a 16:00 h. La oferta más completa para visitar Nueva York en autobús de dos pisos (desde 75 $). También excursiones al Woodbury Common Premium Outlets (un centro comercial de tiendas de fábrica a una hora en coche al norte de Manhattan).

On Location Tours - ✆ 212 683 2027 - onlocationtours.com - de 45 a 80 $. A los fans de las series de televisión les encantarán estos viajes en autobús a los principales lugares de rodaje y sitios memorables de las series (recorridos en inglés).

Liberty Helicopter - ✆ 212 786 5751 - www.libertyhelicopter.com - desde 250 $ (aprox. 15 min desde vuelo). Vuelos en helicóptero sobre Nueva York con distintas tarifas según la duración del vuelo.

Eventos y espectáculos

Eventos anuales

Enero

▶**The Winter Show** - Feria de antigüedades de invierno, Park Avenue Armory - 10 últimos días de enero - www.thewintershow.org.

▶**NYC Restaurant Week® Winter** - Menús a precios moderados en restaurantes de a pie - de mediados de enero a principios de febrero - www.nyctourism.com/restaurant-week.

▶**NYC Broadway Week** - Compra una entrada y llévate otra gratis para espectáculos de Broadway - de mediados de enero a principios de febrero - www.nyctourism.com/broadway-week.

Febrero

▶**Chinese New Year's Festival** - Año Nuevo chino, en Chinatown.

▶**Black History Month** - Actos en torno a la identidad negra - todo el mes.

▶**Orchid Show** - Deslumbrante festival de orquídeas en el Jardín Botánico de Nueva York - de mediados de febrero a abril.

Marzo

▶**St Patrick's Day** - fiesta de los irlandeses, desfile por la Quinta Avenida, 17 de marzo.

▶**Macy's Spring Flower Show** - Un millón de flores en los escaparates de los grandes almacenes Macy's' -2ª quincena de marzo.

▶**Easter Sunday Parade** - Desfile por la Quinta Avenida - Domingo de Pascua.

Abril

▶**Cherry Blossom Festival** - En el Jardín Botánico de Brooklyn - entre abril y mayo.

▶**New Directors/New Film** - Lincoln Center y MoMA, para descubrir a cineastas emergentes y prometedores de todo el mundo - 10 días en abril - www.newdirectors.org.

▶**Art Expo New York** - Pier 36 en el East River - 3 días a principios de abril - redwoodartgroup.com/artexpo-new-york.

Mayo

▶**Five Boro Bike Tour** - 67 km en bicicleta por los cinco *boroughs* -1er domingo de mayo - www.bike.nyc.

▶**Memorial Day Parades** - Desfiles por todos los distritos en recuerdo de los militares caídos -4º lunes de mayo.

Junio

▶**TriBeCa Film Festival** - Festival de cine independiente (◉ *pág. 32*) - 10 días a mediados de junio - tribecafilm.com/festival.

▶**Museum Mile Festival** - Fiesta de los museos del Upper East Side - 2º martes de junio - es.mcny.org/museummile.

▶**Puerto Rican Day Parade** - Desfile puertorriqueño por la Quinta Avenida - 2º domingo de junio.

▶**NY Philharmonic Concerts in the Parks** - Conciertos gratuitos en varios parques - 5 días a mediados de junio - nyphil.org/parks.

▶**Mermaid Parade** - Un colorido desfile de sirenas en Coney Island - www.coneyisland.com.

▶**NYC Pride** - La Marcha del Orgullo (antes Gay Pride). Sube por la Quinta Avenida hasta Greenwich Village - último domingo de junio - www. nycpride.org.

▶**Summer Stage** - Numerosos espectáculos y conciertos al aire libre en Central Park (algunos gratuitos) - de principios de junio a principios de octubre - www.cityparks-foundation.org.

▶**Summerfor the City** - Eventos de danza gratuitos en los que cualquiera puede bailar, en la plaza del Lincoln Center - de mediados de junio a principios de agosto - www.lincolncenter.org/series/summer-for-the-city.

Julio - agosto

▶**Independence Day** - Fiesta nacional: el 4 de julio, fuegos artificiales en los ríos Hudson y East y desfile de barcos en South Street Seaport.

▶**Shakespeare in the Park** - Teatro al aire libre en Central Park (gratuito) - jde junio a agosto - www.centralpark.com.

▶**Festival Orchestra** - Conciertos en el Lincoln Center - durante el Verano por la Ciudad- www.lincolncenter.org/series.

▶**NYC Restaurant Week Summer** - El mismo principio que en invierno - de finales de julio a mediados de agosto - www.nyctourism.com/restaurant-week.

▶**US Open de tenis** - Flushing Meadows - finales de agosto a principios de septiembre - usopen.org.

Septiembre

▶**Labor Day** - Día del Trabajo (2 de septiembre): gran desfile en la Quinta Avenida y **West-Indian-American Day Parade** en Brooklyn (carnaval caribeño).

▶**Armory Show** - Gran feria de arte contemporáneo en el Javits Center - 3 díasen septiembre - www. thearmoryshow.com.

▶**Feast of San Gennaro** - Fiesta de los italianos en Little Italy - hacia mediados de septiembre - sangennaronyc.org.

▶**BAM Next Wave Festival** - Danza experimental, conciertos y teatro en la Academia de Música de Brooklyn - de mediados de septiembre a mediados de diciembre - www.bam.org.

Octubre

▶**NYC Broadway Semana** - primera quincena de octubre - www. nyctourism.com/broadway-week.

▶**Empire State Building Run-Up** - Sube corriendo las escaleras del rascacielos.

▶**New York Film Festival** - Lincoln Center - 10 días en la 1ª quincena de octubre - www.filmlinc.org.

▶**Columbus Day Parade** - Conmemoración en la Quinta Avenida del descubrimiento de América por Cristóbal Colón - 2º fin de semana de octubre.

▶**Greenwich Village Halloween Parade** - Celebración de Halloween - 31 de octubre.

Noviembre

Maratón de Nueva York - 1 de noviembre.

▶**Veteran Day o Armistice Day** - Desfile por la Quinta Avenida - 11 de noviembre.

▶**Macy's Thanksgiving Day Parade** - Desfile por Broadway desde Central

147

Park West hasta Herald Square - 4º jueves de noviembre.

Diciembre

▶**Tree-Lightin** - Iluminaciones navideñas, especialmente en el Rockefeller Center y en la esquina de la Quinta Avenida con la 59th Street, cerca de Central Park - a partir de finales de noviembre.

▶**31 de diciembre** - fuegos artificiales desde Central Park y cerca de la Estatua de la Libertad.

▶**New Year's Eve Ball Drop:** gran concentración en Times Square antes de medianoche, cuando la multitud da las doce campanadas mientras la bola iluminada desciende por el edificio de *Times*. A continuación tiene lugar la **Midnight Run** en Central Park.

Bienal

Whitney Biennial - En el Whitney Museum of American Art (ⓖ *pág. 46)*, tendencias actuales del arte contemporáneo - 3 meses en primavera, próxima edición en 2026 - whitney.org/biennial.

Exposiciones

La principales sedes - Nueva York cuenta con numerosos lugares de exposición, sobre todo los grandes museos como el MoMA (ⓖ *pág. 60)* el Metropolitan Museum of Art (ⓖ *pág. 75)* la Frick Collection (ⓖ *pág. 73)* el American Museum of Natural History (ⓖ *pág. 86)* el Guggenheim Museum (ⓖ *pág. 80)* y el Whitney Museum of American Art (ⓖ *pág. 46)*. Más información sobre eventos en la página web de Turismo y Convenciones de NYC: **www. nyctourism.com.**

Prensa cultural -Nueva York está repleta de publicaciones gratuitas con información sobre su programación cultural. Puedes consultarlas en Internet o recogerlas en centros de visitantes, hoteles o grandes museos. Entre ellas figuran *City Guide Magazine* (www.cityguideny.com. y *Official Visitor Guide* (www.nyctourism.com). No olvides la agenda cultural de la **prensa diaria:** *New York Times*, *Time Out New York*, *New York Magazine*.

Entradas - Las exposiciones y determinados actos pueden reservarse *online* a través de la oficina de turismo y las páginas web de los museos. Las entradas también pueden comprarse *in situ*.

PARA SABER MÁS

Un mural del artista callejero Faile en el Mural Wall de Bowery, en Manhattan.
CribbVisuals/Getty Images Plus

Fechas clave

1524 - Giovanni da Verrazzano
(☉ *pág. 154)*, enviado por Francisco I,
descubre el emplazamiento de Nueva
York y le da el nombre de Tierra de
Angulema, en honor de su soberano,
el antiguo conde de Angulema.

1609 - Henry Hudson explora el río que
lleva su nombre por cuenta de la Compañía
Holandesa de las Indias Occidentales.

1614 - La región se convierte en colonia
holandesa: Nueva Holanda.

1625 - Se establece un puesto
comercial llamado Nueva Ámsterdam
en la isla de Manhattan.

1626 - Peter Minuit «compra»
Manhattan a los algonquinos.

1636 - Johannes Bronck de Dinamarca
se establece en el sitio del futuro Bronx.

1644 - Los esclavos traídos por los
holandeses en 1626 son «liberados».

1647 - **Peter Stuyvesant** se convierte
en gobernador general de la colonia.

1653 - Manda construir un muro
fortificado a la altura de Wall Street.

1657 - Llegada de los cuáqueros ingleses.

1664 - Nueva Ámsterdam, tomada por
los ingleses, se convierte en Nueva York.

1667 - El Tratado de Breda les concede
la posesión de la colonia.

1673 - Holanda recupera la ciudad.

1674 - El Tratado de Westminster
devuelve Nueva Holanda a Inglaterra.

1725 - William Bradford funda el
primer periódico de la ciudad, el *New
York Gazette*.

1763 - El Tratado de París confirma
el dominio de Inglaterra sobre el
continente norteamericano.

1764-1765 - La Sugar Act y la Stamp
Act provocan una fuerte ira pública
contra los ingleses y conducen a la
unión de las nueve colonias.

1767 - Los taxes Townsend, que
imponen fuertes gravámenes a las
colonias, rompen la precaria calma.

4 julio 1776 - Adopción de la
Declaración de Independencia que
marca el inicio de la guerra.

1783 - El Tratado de París reconoce la
independencia de las trece colonias
americanas. **George Washington**
entra triunfalmente en Nueva York,
que al año siguiente se convierte en la
primera capital de Estados Unidos.

1789 - Washington es elegido primer
presidente de los Estados Unidos.

1807 - Fulton une Nueva York con
Albany con su barco de vapor.

1811 - El Plan Randel divide la ciudad en
12 avenidas longitudinales y 155 calles
transversales.

1812 - Estados Unidos declara la guerra
a Gran Bretaña. Nueva York se ve
afectada por el bloqueo.

1817 - Creación del Stock Exchange
(Bolsa de Nueva York) (☉ *pág. 158)*.

1820 - Nueva York es la ciudad más
grande del país (123 706 habitantes).

1825 - El canal de Erie une los Grandes
Lagos con el puerto de Nueva York,
que drena rápidamente la mitad de
las importaciones de todo Estados
Unidos.

1827 - La **esclavitud** es abolida en el
Estado de Nueva York.

1835 - Un incendio arrasa la ciudad.

1845 - La primera línea telegráfica une
Nueva York con Filadelfia.

1851 - Publicación del *New York Times*.
1852 - Exposición Universal en el Crystal Palace.
1857 - Comienza la construcción de Central Park (⊙ *pág. 69*).
1861-1865 - Guerra civil americana. Exposición de **Lincoln** en el ayuntamiento, tras su asesinato.
1868 - Primer metro aéreo.
1869 - «Viernes negro» y gran pánico financiero en la ciudad.
1872 - Inauguración del Metropolitan Museum of Art (⊙ *pág. 75*).
1886 - Inauguración de la **Estatua de la Libertad** (⊙ *pág. 22*).
1891 - Inauguración del Carnegie Hall (⊙ *pág. 55*).
1902 - Finalización del Flatiron Building (⊙ *pág. 51*).
1904 - Primera línea de metro.
1913 - Duchamp provoca un escándalo en la primera exposición de arte moderno, el New York Armory Show.
1917-1919 - Estados Unidos participa en la Primera Guerra Mundial.
1919-1933 - Ley seca, prohibición del alcohol.
1929 - Caída de Wall Street, mayor desastre financiero de la humanidad hasta el momento.
1931 - Inauguración del Empire State Building (⊙ *pág. 57*).
1939 - Inauguración del Rockefeller Center (⊙ *pág. 59*).
1941-1945 - Estados Unidos participa en la Segunda Guerra Mundial.
1952 - La **ONU** se traslada a Nueva York.
1965 - El líder negro Malcolm X es asesinado en Harlem.
1970 - Primera maratón de Nueva York.
1973 - Inauguración del World Trade Center (⊙ *pág. 14*).

1993 - Explosión de una bomba terrorista en el World Trade Center.
Enero 2001 - Hillary Clinton inicia su mandato como senadora por Nueva York.
11 septiembre 2001 - Atentado terrorista y destrucción del World Trade Center: 2973 muertos o desaparecidos.
4 julio 2004 - Colocación de la primera piedra de la Torre de la Libertad, rebautizada One World Trade Center.
Septiembre de 2008 - Colapso de Lehman Brothers y crisis financiera. Colapso de Wall Street.
Noviembre 2008 - Barack Obama es elegido presidente de los Estados Unidos.
2012 - One World Trade Center se convierte en la torre más alta de Nueva York. Terminado en 2014, alcanza una altura de 541 m.
29-30 octubre 2012 - El huracán Sandy azota Nueva York (41 muertos y 40 000 millones de dólares en daños). La 43ª maratón se cancela.
Noviembre 2012 - Barack Obama es reelegido presidente.
Noviembre 2016 - Donald Trump es elegido presidente de los Estados Unidos.
2020 - La torre SUMMIT One Vanderbilt se convierte en el rascacielos de oficinas más alto de Manhattan (427 m).
Noviembre 2020 - Joe Biden es elegido presidente de los Estados Unidos.
Noviembre 2021 - Eric Adams es el nuevo alcalde de Nueva York.
2022 - Se legaliza el cannabis recreativo.
2023 - El ex presidente Donald Trump es destituido.
2024 - Nueva York celebra su 400 aniversario.
2025 - Inauguración del Museo del Hip-Hop en el Bronx.

153

De la Tierra de Angulema a Nueva York

Tierra por conquistar

Giovanni da Verrazzano, explorador florentino al servicio del rey francés Francisco I, entró en la bahía de Nueva York en 1524. Llamó a la zona «Tierra de Angulema» en honor de su señor, miembro de la familia Valois Angulema. En 1609, el inglés **Henry Hudson** que navegaba para los holandeses también exploró la región. Navegando por el río que ahora lleva su nombre, encontró amerindios por el camino y se marchó, declarando estos territorios propiedad holandesa. Los puestos comerciales mantenían un activo comercio con los «indios», cuyo territorio estaba dividido entre dos grupos: los mohawks, de la confederación iroquesa, y los algonquinos, también conocidos como los «delaware».

La Nueva Ámsterdam

En 1614, la Compañía Holandesa de las Indias Occidentales fundó la **colonia de Nueva Holanda**, en el emplazamiento de la actual Nueva York. En 1626, **Peter Minuit** «compró» Manhattan (de la palabra algonquina **menatay**, que significa «isla») a los wappingers por 60 florines (¡26 dólares!). Las tensiones raciales surgieron bajo la presión de los colonos. La actitud violenta se desató ya en 1640 contra los algonquinos. Posteriormente, a través de sucesivas alianzas, las diversas tribus amerindias de la región participaron en las guerras entre colonos rivales.

Nacimiento de una ciudad

Tras construir fortificaciones en el extremo sur de la isla de Manhattan, el ingeniero holandés **Fredericksz** trazó los planos de la futura ciudad, Nueva Ámsterdam. A él se deben las sinuosas calles a lo largo de las cuales se construyeron las *boweries* (granjas), a menudo en zonas pantanosas donde la ancestral experiencia de los holandeses en el drenaje hizo maravillas. Las fincas agrícolas se trasladaron más al norte, a Brooklyn, Queens, el Bronx y Staten Island. Pero el gran proyecto urbano nunca llegó a completarse. Solo el muro defensivo duró lo suficiente para que la calle que lo sustituyó conservara su nombre, Wall Street. El famoso **Peter Stuyvesant** sería el último gobernador general de la colonia. Al decidir Holanda prestar más atención a sus colonias en Asia, Nueva Holanda quedó prácticamente abandonada. En 1664, la ciudad se rindió a los ingleses sin luchar, durante un período de 119 años. Nueva Ámsterdam pasó a llamarse Nueva York en honor al hermano del rey Carlos II, el duque de York.

Nueva York y la inmigración

Atraídos por su desarrollo, que ya parecía ilimitado, oleadas de inmigrantes inundaron continuamente la ciudad, a merced de las guerras, los conflictos políticos y las presiones económicas que afectaban a Europa.

La oleada

En 1860, los irlandeses representaban un tercio de la población. Pobres y a menudo analfabetos, eran despreciados por los descendientes de los colonos y tenían que luchar por su supervivencia. Las primeras bandas registradas en Nueva York eran irlandesas. Poco a poco se hicieron con el control de la policía y la administración de la ciudad. Estas bandas, a las que pronto se unieron inmigrantes de otros orígenes —italianos, judíos, centroamericanos, sudamericanos y asiáticos—, iban a convertirse en uno de los fenómenos dominantes en la vida de la ciudad de la época.

La cuestión negra

Menos conocida es la inmigración negra. La historia de Nueva York a este respecto es bastante turbulenta. En 1626, los holandeses trajeron esclavos de África, como harían más tarde los ingleses. Varios mercados de esclavos florecieron en Wall Street. En 1827 se abolió oficialmente el comercio de esclavos negros en Nueva York, pero incluso los negros libres tenían una vida difícil. Aunque unos pocos formaron los inicios de una clase media, la mayoría vivía en la miseria.

Control de la inmigración

Para la mayoría de los inmigrantes, Nueva York ofrecía la esperanza de una nueva vida. Se les demandaba como mano de obra para los grandes proyectos de construcción, y se olvidaban de su pasado, a veces turbulento. Los neoyorquinos se apresuraron a intentar controlar las llegadas. Primero se instaló una «oficina de clasificación» en Castle Garden y luego en **Ellis Island:** allí se «procesaban» 20 000 inmigrantes al día, un total de 16 millones de europeos, hasta su cierre en 1924. Muchos de ellos siguieron su camino hacia el oeste del país, pero otros se instalaron en Nueva York, provocando un fantástico aumento de población, de 500 000 en 1850 a más de 3 millones de habitantes en 1900, lo que la convirtió en la ciudad más densamente poblada del mundo. Nueva York se convirtió en el símbolo de la libertad. A los judíos que huían de la persecución se unieron los italianos y luego los chinos. Mientras que los ricos no tuvieron problemas para instalarse, la mayoría se vio sumida en la pobreza extrema. Las comunidades tendieron a congregarse en los mismos barrios (Little Italy, Chinatown, Lower East Side), dando a la ciudad su peculiar carácter multiétnico.

Nueva York cosmopolita

Una ciudad multiétnica

Con sus cinco *boroughs*, Nueva York tenía 8,4 millones de habitantes de todas las comunidades en el último censo. Casi el 36 % de los neoyorquinos nació en el extranjero y alrededor del 48 % no habla inglés en casa. El mayor contingente de inmigrantes procede de la República Dominicana, China, Jamaica, Guyana y México, aunque también hay llegadas de Bangladesh, Nigeria, Ghana, Filipinas, Rusia y Ucrania. Por primera vez, desde la guerra civil estadounidense, el número de personas de raza negra está disminuyendo, ya que las dificultades económicas les obligan a trasladarse a otros lugares.

Vivir en comunidad

Una de las características de Nueva York, como de todas las ciudades estadounidenses, es su agrupación en comunidades. Para los visitantes, aparte del cambio radical de paisaje que les espera al salir de una estación de metro, la sorpresa viene dada por la extrema compartimentación de la ciudad. A veces basta con cruzar una calle para cambiar de continente. Las comunidades históricas a menudo han hecho famosos sus barrios: los judíos en el Lower East Side, el Upper West Side y Williamsburg, o los italianos en Little Italy (Manhattan), pero sobre todo en el Bronx. Otros están donde menos te lo esperas. Chinatown, por ejemplo, alberga un gran número de asiáticos, pero el distrito ha quedado rezagado respecto a Flushing, en Queens. También hay enclaves más pequeños, igual de pintorescos, como el ucraniano Little Odessa, en Brighton Beach; el coreano Koreatown, a lo largo de la 32nd Street; los barrios caribeños en torno a Flatbush, en Brooklyn; el dominicano, en el Bronx; el senegalés, en la 116th Street, entre las Nicholas y 8th Avenues; el turco, también en Brighton Beach; el brasileño, en el barrio de Astoria, en Queens, etc.

Cocina cosmopolita

Aparte de algunas especialidades, no existe una cocina auténticamente neoyorquina. Los cerca de 20 000 restaurantes de la ciudad ofrecen cocina americana, italiana, judía, ucraniana, *soul food*, tailandesa, coreana, china, mexicana, cubana y etíope. Las influencias étnicas se entremezclan, dando lugar a nuevas tendencias culinarias, como la cada vez más creativa *street food*.

La guía Michelin de Nueva York

Visita completa: ¡encontrarás una selección de direcciones para todos los bolsillos, así como restaurantes estrella! www.guide.michelin.com

Economía y finanzas

Nueva York debe su rápido desarrollo a la excepcional situación de su puerto y a la apertura del Canal de Erie. Hoy, su actividad portuaria se reduce a unos pocos muelles.

Las inmobiliarias y la industria

El sector de la construcción siempre ha ido bien. En los años 50 y 60 se eliminaron las chabolas y se crearon vastas urbanizaciones, mientras continuaban las obras de carreteras, puentes y líneas de metro. En las décadas siguientes se trató de preservar el patrimonio antiguo.

Ahora se especula con los terrenos industriales y portuarios abandonados más allá del East River. El coste de los alquileres y la competencia de la globalización han expulsado a la industria, y el empleo se ha reducido a la mitad desde 1950. La confección sigue existiendo en el Garment District, pero se limita a la gama alta del mercado. El alto nivel de educación de los habitantes de la ciudad y de los inmigrantes ha fomentado el desarrollo de las tecnologías punta y de los sectores médico e informático. La alimentación, la mecánica de gama alta y los productos químicos se mantienen.

Prensa y entretenimiento

Nueva York es un bastión de la prensa, sinónimo de independencia de espíritu. La ciudad alberga quince diarios, trescientas cincuenta revistas, agencias de prensa y fotografía, cuatro cadenas de televisión nacionales y un sinfín de canales por cable. Grandes editoriales como Random House y HarperCollins tienen su sede en esta ciudad, donde siempre ha abundado la «materia gris». Aquí se celebran innumerables conferencias y seminarios. A lo largo de los años se ha desarrollado una industria del entretenimiento, con numerosas salas de conciertos, teatros y cabarets. Y Nueva York cuenta con algunos de los museos más importantes del mundo.

Wall Street y las finanzas

La **Bolsa de Nueva York** (New York Stock Exchange, NYSE), apodada «Wall Street», es el símbolo del capitalismo y el primer mercado de valores del mundo. Los agentes de bolsa manejan cada día valores por valor de 42 000 millones de dólares. Gran parte de las finanzas del mundo pasan por sus manos, pagando enormes sumas de dinero en el proceso, que descienden en cascada por la economía neoyorquina, sobre todo hacia las profesiones relacionadas con las finanzas. Estos empleos, a su vez, crean y sostienen innumerables servicios a todos los niveles de la ciudad.

Sin embargo, el mundo de las finanzas se vio gravemente sacudido por la crisis de 2008, que hizo tomar conciencia de la necesidad de regular las actividades financieras.

La arquitectura y el urbanismo

A la búsqueda de un estilo

Los ingleses construyeron Nueva York como puesto comercial sobre los cimientos de una ciudad holandesa, donde las casas con aleros abocinados y los edificios públicos de estilo georgiano con columnatas y frontones se alineaban a lo largo de calles embarradas.

Tras su victoria sobre los ingleses, los colonos se inspiraron en la arquitectura de la Roma republicana. El **estilo federal** se caracteriza por edificios simétricos y cuadrados, ornamentación clásica, columnas a veces rematadas por frontones y travesaños, y el uso de ventanas elípticas. El alcalde DeWitt Clinton (1769-1828) hizo planificar el trazado de las calles, con avenidas en ángulo recto. El Plan Randel, la famosa «cuadrícula» de Manhattan de 2028 manzanas, se creó en 1811.

A partir de 1820 se impuso el **estilo neogriego:** mármol y amplios frontones enmarcados por columnatas dóricas, jónicas y corintias (Federal Hall). Se construyeron iglesias y calles enteras (Cushman Row) en este estilo relativamente austero. Desgraciadamente, en pleno auge económico, la ciudad fue devastada por un gran incendio (1835). El **estilo neogótico** tomó el relevo. Jugaba con la asimetría, el pintoresquismo y la profusión de torrecillas, almenas y ventanas estrechas y alargadas.

Invadió las mansiones privadas, favoreciendo los frontones finamente trabajados, las agujas y las gárgolas. Ya desarrollado, a finales de la época victoriana se desembocó en el **estilo Queen Anne**, con su profusa ornamentación (1880-1905). Con una combinación de influencias japonesas e incluso bizantinas, una extraña arquitectura de reminiscencias medievales dio lugar al **estilo neorománico:** torres macizas, pesados arcos de medio punto de sillería, bajorrelieves y barandillas de hierro forjado.

Influencias y eclecticismo

Paralelamente a las tendencias romántico-góticas, los arquitectos se vuelven hacia Italia y París. El **estilo italianizante** (1840-1880) aprovechó elegantemente el uso del hierro fundido en la arquitectura: aspecto rectangular, escalinatas elevadas, ventanas altas, estrechas, finamente arqueadas y a veces ornamentadas. En la parte sur de Manhattan, el uso del hierro fundido permitió construir edificios más altos, anunciando la llegada de los primeros rascacielos… Se experimentó con el ensamblaje de piezas prefabricadas de **hierro fundido**, entre las que se intercalaban cristales. Las casas también podían revestirse de arenisca barata de color chocolate, lo que les valió el sobrenombre de **brownstones**.

Por extensión, este término se aplicó también a las casas de los mismos barrios construidas en ladrillo u otro tipo de piedra.

El **estilo Segundo Imperio** (1860-1880) también influyó en Nueva York, donde florecieron los tejados cubiertos de zinc y las buhardillas. A este estilo le siguió el **neoclásico** o **Beaux-Arts**, inspirado en París, con edificios majestuosos dotados de arcadas y entradas monumentales bordeadas de columnas y estatuas (New York Public Library).

A la conquista del cielo

La verdadera revolución no se produjo en el estilo, sino en el objetivo declarado de alcanzar el cielo. Aunque la motivación inicial era especulativa — construir todo lo posible en el menor espacio disponible—, fue aquí donde se produjo la ruptura radical con el pasado. En 1857, Elisha Otis inventó el ascensor. Ese mismo año se funda en Nueva York el American Institute of Architects. Poco después, un instituto especialmente innovador abrió sus puertas en Chicago, donde se construyó el primer rascacielos. En Nueva York, el **Flatiron Building** (1902) anunció la serie de edificios que conformarían el famoso *skyline* de Manhattan. Los rascacielos brotaron como setas a lo largo del siglo XX. Una nueva tendencia europea se impuso: el **Art Nouveau**, seguido en 1925 por el **Art Déco**. El estilo Art Déco favorecía las compensaciones, las armonías verticales y los revestimientos de piedra, ladrillo vidriado o metal (Chrysler Building, Empire State Building). Después de la Segunda Guerra Mundial, como reacción a esta exuberancia, se construyeron edificios del llamado **estilo internacional**, con líneas limpias, planos rectilíneos y paredes de cristal (sede de la ONU, MoMA, Torres Gemelas). Las dos últimas décadas del siglo XX, conocidas como posmodernismo, acentuaron el uso del vidrio, que se volvió coloreado e iridiscente, y la piedra reapareció notablemente en la pavimentación de explanadas y atrios (World Financial Center).

El siglo XXI

El derrumbe de las Torres Gemelas en 2001 marcó un punto de inflexión para la ciudad. Además de la construcción simbólica del **One World Trade Center**, todo el horizonte de Nueva York se está rediseñando. Las orillas de los ríos Hudson y East son cada vez más verdes y albergan parques urbanos con impresionantes vistas del horizonte, como el Brooklyn Bridge Park en DUMBO y Little Island en el High Line. Por todas partes surgen nuevos bloques de pisos. Sus líneas evolucionan, y las fachadas se reinventan y deconstruyen, como el singular **56 Leonard Street** (Herzog & de Meuron, 2016). Las **«torres lápiz»** se alzan en la 57th Street, atrayendo a multimillonarios con sus *penthouses* con vistas a Central Park. Concebido como una atracción comercial de alta tecnología, el gigantesco desarrollo inmobiliario de **Hudson Yards** (🧭 *pág. 48*) un mosaico de arquitectura que incluye **The Spiral** de BIG, con sus innovadoras terrazas escalonadas al aire libre. Por último, la imponente silueta de la **Brooklyn Tower** (2023, SHoP) confirma el giro de Brooklyn hacia el lujo.

Arte moderno y contemporáneo

Hasta principios del siglo xx, la pintura estadounidense se encontraba en pleno cambio, basándose en la naturaleza y la sociedad.

El grupo de los Ocho

Fue en febrero de 1908 cuando un trueno amplificó la revolución impresionista en América. Ocho jóvenes pintores, reunidos en torno a **Robert Henry**, expusieron en la Macbeth Gallery. Pintaron el humo y la mugre de la ciudad, la concupiscencia y el agotamiento de los trabajadores, y demostraron que era posible crear belleza con sudor y lágrimas, de ahí el sobrenombre de **Ashcan School**. A este movimiento siguió un alboroto artístico que culminó en la Exposición de Artistas Independientes (1910) y, sobre todo, en el Armory Show (1913), la mayor exposición de arte jamás celebrada en Estados Unidos.

La vanguardia estadounidense

Marcel Duchamp presentó su *Desnudo bajando una escalera*, que provocó un escándalo entre el público, pero confirmó las investigaciones de sus colegas pintores. Durante unos años cruciales, la galería de Alfred Stieglitz en la Quinta Avenida expuso a **Georgia O'Keeffe**, **Arthur Dove**, el primer artista abstracto estadounidense, **Charles Demuth** y **Charles Sheeler**,

adeptos del hiperrealismo urbano y precursores de Hopper.

Las grandes figuras

De repente, Nueva York se convirtió en el centro de atención gracias a **Edward Hopper** cuya obra es una notable meditación sobre la vida moderna. Durante la Gran Depresión **Thomas Benton**, **Grant Wood**, **Reginald Marsh**, **Ben Shahn** y **John Curry** desafían a la *American way of life*. En 1936, Mark Rothko, Arshile Gorky, Willem De Kooning, Robert Motherwell y Jackson Pollock formaron la **American Abstract Artists** (AAA). A partir de 1945, formaron la primera escuela internacional de pintura, el expresionismo abstracto, también conocido como «Escuela de Nueva York». Aprovechando la contribución de renombrados artistas europeos que habían huido al otro lado del Atlántico durante la guerra, como **Léger**, **Miró** y **Ernst**, sacudieron el panorama artístico. En 1958 **Leo Castelli** abrió su galería en el Upper East Side, donde se forjaron grandes reputaciones. Había nacido una nueva generación de artistas. **Andy Warhol** y el pop art (*siguiente pág.*) revolucionaron el arte contemporáneo, que salió a la calle. Nueva York tenía ahora su lugar en el mercado del arte, con espacios públicos que acogían a Dubuffet, Tony Rosenthal, Henry Moore, Jim Dine, Fritz Koenig y Milton Hebald.

Andy Warhol y el pop art

El pop art

Roy Lichtenstein, **Robert Rauschenberg**, **Jasper Johns** y sobre todo **Andy Warhol** y los círculos de moda que frecuentaba su Factory fueron los principales protagonistas del pop art, el motor de la desenfrenada maquinaria especulativa que hizo de Nueva York la capital mundial del mercado del arte. Inspirándose en la publicidad para la que trabajaban, los cómics y las noticias, Andy Warhol y Roy Lichtenstein hicieron de la vida cotidiana la sustancia de su arte. Se centraron en objetos de la vida real, nuevos y fáciles de reproducir, y trataron sus temas de forma mecánica y repetitiva, mezclando colores en sutil armonía.

Andy Warhol (1928-1987)

Empezó como ilustrador publicitario para revistas, al tiempo que trabajaba en los escaparates de unos grandes almacenes. Pronto realizó sus primeros cuadros, inspirados en los cómics. Sus botellas de Coca-Cola y latas de sopa Campbell tuvieron un gran éxito. Después se pasó a la serigrafía, que le permitía reproducir hasta el infinito los temas que elegía. Y fue su consagración. Un loft, la **Factory**, se convirtió en su lugar de trabajo. Una multitud de colaboradores le ayudaron a realizar sus obras a partir de sus bocetos. Frío, cínico e inteligente, era adorado por la jet-set neoyorquina, pero también por los neoyorquinos de a pie que se sentían concernidos por los temas que exploraba. Realizó toda una serie de retratos que se hicieron famosos. Marilyn Monroe, Elvis Presley, Jackie Kennedy, Mao Tse-Tung, Lenin, pero también Mona Lisa o flores en primeros planos que se multiplican sin cesar, en diversos tonos de color. Fascinado por la herramienta cinematográfica, ha realizado numerosas películas de arte y ensayo en las que sus personajes improvisan.

Post-pop art

La loca escalada de los precios y el carácter desigual y la calidad de las exposiciones que se suceden rápidamente han creado una burbuja en la que se precipitan los inversores. El arte se está volviendo snob, y su calidad se resiente por ello. De vez en cuando, de esta efervescencia surgen joyas como **Keith Haring** (1958-1990), el artista callejero comprometido de fama mundial, y **Jean-Michel Basquiat** (1960-1988), cuyo genio rabioso y alucinatorio, síntesis de aportaciones multiétnicas y pop art, les hizo destacar entre los muchos artistas callejeros que ilustraron las paredes de la ciudad con frescos y etiquetas. Algunos barrios obreros (Harlem, el Bronx, Queens y sobre todo Bushwick, en Brooklyn) se cubrieron de frescos, convirtiéndose en verdaderos museos, frágiles y efímeros.

El mito Broadway

En el **Theater District**, unos cuarenta teatros de más de 500 localidades, más de dos tercios de los cuales solo proyectan musicales, constituyen el Broadway oficial, el «on». Aquí se representan obras de éxito. Por debajo de 500 localidades, los teatros se conocen como «off» y acogen a jóvenes autores. Actuar en Broadway es un gran honor para los artistas. No te pierdas el **Museum of Broadway** que recorre la historia del mito (☞ *pág. 55*).

El teatro

Eugene O'Neill (1888-1953), nacido en Nueva York, es el dramaturgo más famoso de Norteamérica. A lo largo de su vida exploró los aspectos más oscuros de la condición humana. Sus obras revelan un mundo de marginalidad y desesperación. **John Steinbeck** con *De ratones y hombres* en 1937, fue muy aplaudida por el público. **Arthur Miller** (1915-2005) también escribió obras poderosas, como *La muerte de un viajante* (1949) y *Las Brujas de Salem* (1953). Entre los autores contemporáneos figuran **Sam Shepard** (1943-2017), escritor, guionista y actor, fue también un destacado dramaturgo, desde sus *sketches* en la revista teatral *O! Calcutta*. **August Wilson** (1945-2005), dos veces ganador del Premio Pulitzer por *Fences* y *The piano lesson*, fue un inmenso dramaturgo afroamericano, que retrató en diez obras la vida de una comunidad negra estadounidense a lo largo de cien años. Otra importante dramaturga nació en Brooklyn, **Wendy Wasserstein** (1950-2006), ganó el Pulitzer en 1989 por *Las crónicas de Heidi*.

Los musicales

La sección Times Square de Broadway se ha convertido en un lugar legendario. El primer musical, *The Black Crook,* agotó las entradas en 1866. Aprovechando este éxito, los productores desarrollaron el género. En los años 20 y 30, una comedia seguía a otra y sus canciones se convertían en auténticos éxitos, como *Show Boat*. **Fred Astaire** y **Gene Kelly** bailaron en las pantallas de cine. Los musicales alcanzaron la mayoría de edad en 1957 con *West Side Story*, de Stephen Sondheim, con música compuesta por Leonard Bernstein. El mito de Romeo y Julieta, trasladado al Nueva York obrero de los años 50, fue un éxito rotundo. En los últimos veinte años, los *musicals* se han inspirado en dibujos animados y películas como *El Rey León*, *Mary Poppins* y *Moulin Rouge,* así como en obras famosas como *Los Miserables,* adaptación de la novela de Victor Hugo. Algunas se han representado durante décadas, como *Chicago*, coreografiada por Bob Fosse, y *El Fantasma de la Ópera* (treinta y cinco años). Hoy, la tendencia sigue siendo hacia los históricos, como *Hamilton*.

Literatura

Los escritores que nacieron o vivieron en Nueva York, como Herman Melville, no siempre se inspiraron en su ciudad. Ya en el siglo XIX, **Washington Irving** escribió una *Una historia de Nueva York* (1809), **Stephen Crane** provocó un escándalo con la jerga neoyorquina de *Maggie: una chica de la calle* (1893), **Edith Wharton** (1862-1937) ofreció magníficas descripciones de la alta sociedad neoyorquina en *La casa de la alegría* (1905) y *La edad de la inocencia* (1920), adaptadas al cine por M. Scorsese en 1993, y **Francis Scott Fitzgerald** describe el Nueva York de los locos años 20 y la corrupción del sueño americano en *El gran Gatsby* (1925).

Manhattan, ciudad negra

Manhattan Transfer (1925), de **John Dos Passos**, supuso el nacimiento de la literatura neoyorquina del siglo XX, como ocurrió en Europa con el *Ulises* de James Joyce y el *Viaje al fin de la noche* de Céline. *Manhattan Transfer* es un libro total, transformado por los ritmos del jazz y el mundo fragmentado de la pintura cubista. Nueva York aparece como una máquina bien engrasada donde reina el caos. Una forma de literatura intenta dar sentido a este desorden: la novela negra y la novela policíaca. *Necrópolis* (1991), de Herbert Lieberman, *El alienista* (1995), de Caleb Carr, y *Bone* (1993), de George Chesbro, dan esperanza a la humanidad. **Dashiell Hammett**, padre del gran Sam Spade,

uno de los detectives privados más emblemáticos *(El halcón maltés*, 1929), describe la podredumbre de la ciudad con un estilo despojado como ningún otro. *Algodón en Harlem*, de **Chester Himes**, supuso que los policías negros Ed Coffin y Gravedigger Jones tomaran las calles de Harlem.

Más allá de los géneros

Desde muy pronto, escritores y poetas se reunieron para intercambiar ideas. **Greenwich Village** acogió a Mark Twain, Henry James y Herman Melville, seguidos por el dramaturgo Eugene O'Neill, la poetisa Edna St Vincent Millay, Theodore Dreiser y Thomas Wolfe. A Dylan Thomas le siguió la **Beat Generation**, William Burroughs, Allen Ginsberg y Jack Kerouac. El más famoso de estos círculos fue la **Algonquin Round Table**, llamada así por el nombre del bar de un hotel, donde los miembros de la prestigiosa revista *The New Yorker* hacían y deshacían reputaciones. En los círculos culturales se celebraban lecturas públicas y se concedían premios literarios: el **Pulitzer** y el **National Book Award**. Algunos escritores se mantuvieron alejados de los medios, como J.D. Salinger (1919-2010), autor de *El guardián entre el centeno* (1951). Entre los escritores neoyorquinos (de nacimiento o de adopción) que no se pueden ignorar están Paul Auster, Tom Wolfe, James Baldwin, Truman Capote, Toni Morrison, Hubert Selby Jr, Jay McInerney y Colson Whitehead.

Nueva York y el cine

En los primeros tiempos del cine, la compañía Eastman-Edison rodaba sus películas en la zona de Nueva York, pero en 1908 sus competidores se marcharon a Hollywood, donde los precios eran más bajos y el espacio mayor. No obstante, Nueva York siguió siendo una ciudad fotogénica, popular entre los cineastas y escenario de muchas películas y series de televisión.

La industria del cine

A pesar del atractivo de Hollywood, numerosos cineastas independientes optaron por trabajar en Nueva York, entre ellos John Cassavetes, Abel Ferrara, Amos Kollek, Jim Jarmusch, Spike Lee, **Martin Scorsese** y **Woody Allen**, un campeón de Manhattan. La creación del Actors Studio en Nueva York en 1947 marcó un punto de inflexión en la historia del cine neoyorquino. De él salieron estrellas como Marlon Brando, James Dean o Robert De Niro, el actor favorito de Martin Scorsese. Más cerca de nosotros, una nueva generación de cineastas ha tomado la antorcha: **James Gray** y Noah Baumbach. La ciudad alberga algunas de las mejores escuelas de cine del mundo, como la Tisch School of the Arts (perteneciente a la NYU) y los departamentos de la Columbia University, así como el **Museum of the Moving Image** en los Estudios Astoria de Queens (☞ *pág. 101*). Festivales como el de **TriBeCa Film Festival** presentado por De Niro (junio).

Del cine a la televisión

El renacimiento de los estudios de cine de Nueva York debe mucho a la televisión. Series de culto como *Sexo en Nueva York*, *Los Soprano*, *Girls, Gossip Girl* o *NYPD,* y más recientemente *And Just Like That* son objeto de peregrinaciones a los lugares de rodaje. Además de las series, *Saturday Night Live*, un programa de entretenimiento en directo emitido los sábados por la noche, es otro de los favoritos de la televisión. Ha lanzado las carreras de Bill Murray, Eddie Murphie y John Cusack.

Lugares míticos

El cine neoyorquino ha conservado imágenes tan impactantes como King Kong escalando el **Empire State Building** o Audrey Hepburn codiciando el escaparate de la joyería **Tiffany**. Con un estilo que corta la respiración, Hitchcock dirige a Cary Grant intentando escapar de sus perseguidores en el **Plaza Hotel** en *Con la muerte en los talones* (1959), mientras que Dustin Hoffman corretea por el **Central Park Reservoir** en *Marathon Man* (1976). En *El bebé de Rosemary* (1968), el **Edificio Dakota** se convierte en la prisión de Mia Farrow. Más divertida es la mesa donde Meg Ryan simula un orgasmo en *Cuando Harry encontró a Sally*, la mesa más popular de **Katz's Deli.** Woody Allen y Diane Keaton romantizan también frente a la fuente de Bryant Park en *Manhattan* (1979).

Nueva York y la música

Música clásica

Además de la **Metropolitan Opera** en el prestigioso **Lincoln Center**, la ciudad cuenta con el Carnegie Hall. Aquí actúan regularmente los más grandes solistas y cantantes de ópera, y compositores de renombre como Leonard Bernstein (*West Side Story*) y Anton Dvořàk , que han dirigido la Orquesta Filarmónica de Nueva York.

El símbolo de América

Si el jazz nació en Nueva Orleans a finales del siglo XIX, Nueva York ha albergado a los mejores de sus creadores. Los clubes de jazz y los salones de baile florecieron en Harlem en los años 20. El Cotton Club, en Lenox Avenue, acogió a **Duke Ellington**, **Conde Basie** y **Cab Calloway**. En 1924, **George Gershwin** creó su pieza de estilo jazzístico *Rhapsody in Blue*. Más tarde, la 52th Street albergó los clubes más importantes, aunque no destronó a Harlem, donde **Ella Fitzgerald** triunfó en 1935. El **gospel** sacudió las iglesias de Nueva York con sus ritmos enardecedores. Lester Young y Coleman Hawkins fueron las estrellas del período **swing** en la gran manzana. De 1945 a 1948, la **revolución del be-bop** por **Dizzy Gillespie** y **Charlie Parker** arrasaba en la ciudad. Esto propició la creación del jazz moderno, el jazz de los genios, **Thelonious Monk**, **John Coltrane**, **Miles Davis**. Aparecieron además numerosos adeptos del **free-jazz** en las décadas de 1960 y 1970, antes del período contemporáneo en que el jazz se volvió más sosegado. Hoy en día, en Nueva York se pueden encontrar todas las formas de jazz, desde las más convencionales en el Lincoln Center hasta los clubes de moda y los festivales de verano al aire libre.

Rock, folk, punk, rap...

Aunque la **Velvet Underground** sigue siendo la abanderada, varias bandas de rock neoyorquinas también han podido competir con los grupos británicos en diversos estilos (Ramones, New York Dolls, Blondie, Sonic Youth, The Strokes, Pavement, Interpol y, más recientemente, los muy «hype» MGMT y Vampire Weekend). **Patti Smith** y **Lou Reed** han añadido un toque poético a la brutalidad del rock ambiental, y los estudios de grabación de primera calidad de la ciudad atraen regularmente a artistas de renombre. La ciudad también ha inspirado a artistas tan variados como Tom Waits, Bob Dylan, Leonard Cohen, U2, Simon & Garfunkel y Taylor Swift para celebrarla en sus canciones. *New York, New York* (cantada por Liza Minnelli) sigue siendo la más famosa, seguida de *Empire State of Mind* (Jay-Z y Alicia Keys). Nueva York es también la ciudad de los raperos y aficionados al **hip-hop**, nacidos en el Bronx en 1973 (Tupac Shakur, 50 Cent, Jay-Z, Nas, Ma$e, Public Enemy) que llevan junto a sus grafitis la marca indeleble de sus calles.

ÍNDICE

Créditos fotográficos pág. 4-5
(de izquierda a derecha y de arriba abajo)

Colección editada por Philippe Orain

Redactor jefe de la guía:	Eric Boucher
Secretario de redacción	Anna Crine
Editores	Anne-Caroline Dumas, Nora Gherras, Christine Barrely, Luc Decoudin, Victoria Jonathan, Laurence Michel, Pierre Sans, Delphine Storelli
Colaboradores de esta guía	Dănuț-Marian Țucă, Theodor Cepraga, Leonard-Marius Pandrea (**Plano de transporte**), Gabriel-Valentin Dragu (**Cartografía**), Véronique Aissani, Carole Diascorn (**Cubierta**), Marion Capéra, Marie Simonet (**Iconografía**), Andra-Florentina Ostafi (**Datos objetivos**), Bogdan Gheorghiu, Cristian Catona, Gabriel-Valentin Dragu, Hervé Dubois, Pascal Grougon (**Preimpresión**), Dominique Auclair (**Dirección**)
	Planos y mapas: © MICHELIN 2024.
Diseño gráfico	Laurent Muller (interiores) Véronique Aissani (cubierta)

Titulo original: *New York*

© 2025 MICHELIN Éditions, todos los derechos reservados

Para la edición española:

WS whitestar™ es una marca
propiedad de White Star s.r.l.

© 2025 White Star s.r.l.
Plaza Luigi Cadorna, 6
www.whitestar.it

Traducción: Ormobook

ISBN 978-88-540-5785-2
1 2 3 4 5 6 29 28 27 26 25

Impreso en Eslovenia